Lectures sur 1 Corinthiens

Volume 1

Lectures sur 1 Corinthiens

Volume 1

Dr. Jaerock Lee

URIM BOOKS

LECTURES SUR 1 CORINTHIENS : Volume 1 par le Dr. Jaerock Lee
Publié par Urim Books (Représenté par Seongkeon Vin)
253-3, Guro-dong 3, Guro-gu, Séoul, Corée
www.urimbooks.com

Toutes les citations de la Bible proviennent de la Bible de Genève, traduction Louis Second, sauf si spécifié autrement.

Publié précédemment en Coréen par Urim Books en 2008

Première publication Février 2012

Edité par Geumsun Vin
Traduit en Français par le Rév. Dr. Davidts Guy
Maquette par le Bureau d'Edition d'Urim Books
Imprimé par la société Yewon Printing
Pour plus d'informations, contactez urimbook@hotmail.com

Direction Spirituelle et Physique pour les Croyants

Les gens qui habitent dans le monde moderne pourraient se demander ou avoir des conflits entre eux à cause de la confusion des valeurs. Cela n'est pas limité uniquement aux non croyants, mais nous pourrions tous faire face à divers problèmes même si nous menons une vie dans la foi. Ces problèmes peuvent inclure des désaccords, des différences d'opinion, des poursuites judiciaires, mariage et divorce.

L'ennemi diable et Satan tentent continuellement les croyants pour qu'ils vivent en dehors de la parole de Dieu. Donc, ceux qui essayent de vivre selon la parole de Dieu peuvent avoir des questions concernant la parole et son application pratique pour résoudre les problèmes.

C'était le cas de l'église de Corinthe. Corinthe du temps

de Paul était une ville affairée avec de nombreuses personnes de différentes cultures et de différentes origines ethniques. Il y avait des classes sociales bien déterminées et la population adorait un nombre de dieux différents. Il y avait aussi beaucoup de corruption morale.

Vivant dans de telles conditions, les croyants de l'église de Corinthe avaient de nombreux conflits et problèmes. De plus, étant donné que l'église était récemment établie, ils avaient des difficultés à mener une vie dans la foi. Pour les aider à mener une vie chrétienne mature, l'apôtre Paul leur a donné des réponses bibliques à de nombreuses questions et problèmes.

Ces réponses et une manière de résoudre beaucoup de ces problèmes qui peuvent se produire dans notre vie quotidienne sont relatées dans la première lettre de Paul à l'église de Corinthe, connue sous le nom de 1 Corinthiens. Dans la société complexe d'aujourd'hui, il est important que nous apprenions et comprenions clairement son contenu.

Ce livre, *Lectures sur 1 Corinthiens*, nous explique comment comprendre et pratiquer les choses relatives avec les conflits, l'évangélisation, le mariage, l'idolâtrie et les dons spirituels. Vous serez capables de mener une vie chrétienne plus puissante si vous trouvez la bonne manière de comprendre votre problème au travers de la Parole de Dieu.

Je remercie Geumsun Vin, la directrice du bureau d'édition d'Urim Books et tout le personnel et dans le nom du Seigneur Jésus-Christ, je prie que tous les lecteurs comprendront clairement la volonté de Dieu et la pratiqueront de sorte qu'ils puissent recevoir d'abondantes bénédictions de Dieu.

Jaerock Lee

Survol de la Première Epitre aux Corinthiens

1. Au Sujet de l'Auteur de la Première Epitre aux Corinthiens

L'auteur de la Première Epitre aux Corinthiens est l'apôtre Paul. Avant de croire en Jésus-Christ, son nom était Saul. Il était né à Tarse en Cilicie et était instruit par Gamaliel. Gamaliel était un enseignant de la Loi qui était hautement respecté par le public.

Étant donné qu'il avait étudié sous les meilleurs enseignants de l'époque, la connaissance en philosophie de Saul était excellente. Il aimait beaucoup Dieu et il gardait très strictement la Loi. On pourrait dire qu'il était 'l'Hébreux des Hébreux'. Il était de la classe supérieure et il était aussi citoyen romain et il avait une entière citoyenneté de l'Empire Romain.

Avant qu'il ne rencontre le Seigneur Jésus, Saul persécutait les croyants dans le Seigneur. Il croyait que les croyants en Jésus étaient une menace pour la Religion juive, et il a pris la tête de la persécution en les mettant en prison.

Il a rencontré le Seigneur Jésus-Christ sur son chemin vers Damas. Il partait avec un document officiel du souverain sacrificateur pour arrêter ceux qui étaient croyants et disciples de Jésus. Parce que Dieu connaissait l'amour que Saul avait pour Lui, il a choisi Saul pour en faire un apôtre. Dieu l'a mis à part dès le commencement des temps parce qu'Il savait qu'il se repentirait pour devenir très fidèle au Seigneur Jésus s'il pouvait

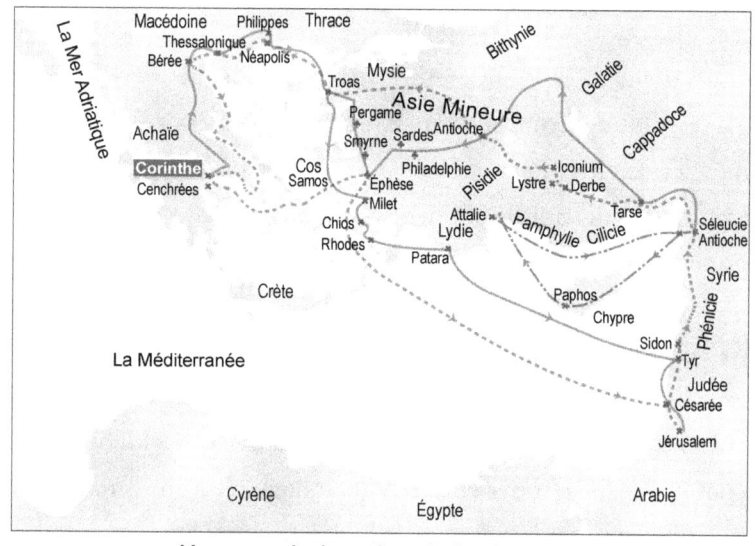

Voyages missionnaires de l'apôtre Paul
(le premier ——·· , le second --- , le troisième ——)

seulement Le rencontrer.

Saul a été connu sous le nom de 'Paul'. Il a fidèlement travaillé, même jusqu'à la mort, en tant 'qu'apôtre des Gentils'. Il a posé le fondement pour répandre l'évangile jusqu'aux extrémités de la terre au travers de ses trois voyages missionnaires et a établi de nombreuses églises en Asie Mineure et en Grèce.

Depuis le moment où il a rencontré le Seigneur, l'apôtre Paul s'est consacré au Seigneur avec toute sa vie et a complètement accompli sa tâche en tant que Serviteur de Dieu et apôtre.

2. Corinthe

Corinthe était une grande ville dans la partie sud de la Grèce. Du temps de Paul, Corinthe était dirigée par l'Empire Romain. Elle était adjacente à la mer de trois côtés, l'est, l'ouest et le sud. L'Asie était sa voisine au nord, et Rome à l'ouest. Sa situation en avait fait le centre du commerce entre l'Asie et Rome.

C'était une ville commerciale très affairée et florissante, qui était remplie d'officiels du gouvernement, de soldats, de marchands et de marins venant des diverses parties de l'Empire Romain. De nombreux événements athlétiques y étaient souvent organisés, et elle était aussi renommée pour ses bâtiments et ses arts. Naturellement, des cultures sensuelles se sont développées et les gens étaient moralement et religieusement corrompus.

Il y avait plus de 30 temples de dieux gentils y compris le

temple d'Aphrodite. Les gens y accomplissaient des rituels avant de faire leur commerce. La ville était tellement moralement corrompue qu'il y avait plus de mille prostituées autour du temple d'Aphrodite.

3. Relation entre l'Eglise de Corinthe et l'Apôtre Paul

Vers 50 après JC, l'apôtre Paul a prêché l'évangile à Corinthe avec Silas et Timothée pendant son second voyage missionnaire et y a établi une église. Il résidait à la maison de Priscilla et Aquilla et prêchait l'évangile en fabriquant des tentes.

Au début, il a prêché dans les synagogues juives. Mais à cause de l'opposition des juifs, il est resté pendant une année et demie dans la maison de Titus Justus pendant qu'il posait les fondations d'une église. La majorité des croyants étaient des gentils, mais il y avait aussi quelques juifs.

4. Moment, Endroit et Raison de la Rédaction du Livre

Le livre de 1 Corinthiens est une épitre, ou lettre que l'apôtre Paul a écrite à Ephèse pendant son troisième voyage missionnaire aux environs de 55 après JC. Les croyants dans l'église de Corinthe essayaient de vivre des vies divines, mais ils devaient faire face à de nombreux problèmes à cause de l'environnement de corruption et de sensualité qui les entourait.

Des conflits se sont élevés entre les croyants riches et pauvres et il y avait aussi des problèmes de poursuites judiciaires entre les croyants. Il y avait des problèmes de mariage, des problèmes de chasteté et des problèmes qui étaient soulevés à propos du manger de choses qui avaient été consacrées à des idoles. L'apôtre Paul a écrit cette lettre pour leur donner des réponses claires à de tels problèmes.

5. Caractéristiques Distinctives de 1 Corinthiens

Les livres bibliques de Romains et Galates sont principalement concernés avec des sujets doctrinaux. Mais la première épitre aux Corinthiens traite surtout de problèmes pratiques de la vie. Parmi les croyants, 1 Corinthiens est un livre pratique de réponses pour les problèmes que les chrétiens doivent rencontrer à des niveaux personnels ou pour l'église en général.

Il donne une réponse claire pour des sujets tels que les dissensions dans l'église, le mauvais usage des dons spirituels, le mariage, la Sainte Scène, la nourriture sacrifiée aux idoles et la résurrection. C'est pourquoi, si nous comprenons clairement ce livre de 1 Corinthiens, ce sera d'une grande utilité dans notre vie chrétienne et nous serons capables de mener une vie bénie en comprenant clairement la volonté de Dieu.

Edité par Eunmi Lee

Chapitre 1

PAUL EST DEVENU UN APÔTRE PAR LA PROVIDENCE DE DIEU

— Un Apôtre et un Serviteur de Dieu

— Le Salut au Travers du Dieu de la Trinité

— Pour que tous Acceptent

— Christ est la sagesse et la Puissance de Dieu

— Se Glorifier dans le Seigneur

Un Apôtre et un Serviteur de Dieu

« Paul, appelé à être apôtre de Jésus-Christ par la volonté de Dieu, et le frère Sosthène, » (1:1)

Le nom de l'apôtre Paul avant qu'il ne rencontre le Seigneur Jésus était Saul. Il arrêtait les disciples du Seigneur et les mettait en prison. Saul était un légaliste strict et pour lui c'était un blasphème contre Dieu que de suivre Jésus en tant que Messie.

C'est pareil avec les légalistes d'aujourd'hui. Ils interprètent la Bible uniquement littéralement. Ils émettent des jugements et des condamnations sur ceux qui manifestent les œuvres puissantes du Saint-Esprit au travers de signes et de miracles comme ceux relatés dans les premières églises et ils qualifient de telles œuvres de mysticisme.

Dieu sait toutes choses. Il savait que dès que Saul rencontrerait Jésus, il se repentirait et deviendrait un fidèle serviteur de Jésus-Christ. C'est pourquoi, il avait été choisi avant le commencement des temps en tant que l'apôtre des Gentils. Lorsqu'il a rencontré le Seigneur sur son chemin vers Damas, il est devenu un fidèle serviteur de Dieu et a consacré toute sa vie au Seigneur.

Un serviteur est une personne qui est liée à son maître et qui suit la volonté de son maître. Le maître dans l'église est Dieu, et le serviteur qui délivre le message doit obéir à la parole de Dieu.

Cinq Types Différents de Serviteurs

Au verset 1, Paul dit qu'il a été appelé 'apôtre de Jésus-Christ par la volonté de Dieu'. Nous ne pouvons pas devenir un apôtre par notre propre volonté; nous devons être appelés par la volonté de Dieu.

Aujourd'hui, il y a des pasteurs qui sont devenus des serviteurs de Dieu par la volonté de Dieu, mais il y en a d'autres qui ne le sont pas. Nous pouvons dire en général qu'il y a cinq différents groupes de pasteurs et serviteurs de Dieu.

Les premiers, sont ceux qui ont été appelés par Dieu Lui-même. Les seconds sont ceux qui se sont déclarés volontaires par la grâce de Dieu. Les troisièmes sont ceux qui sont devenus pasteur à cause de la poussée d'autres personnes. Les quatrièmes sont ceux qui sont devenus pasteurs en tant que travail et le cinquième groupe sont ceux qui sont devenus pasteurs par l'œuvre de Satan.

Ceux qui ne devraient pas devenir pasteurs

Si quelqu'un devient pasteur parce que ses parents ou ses amis l'ont poussé, des problèmes pourraient se produire. Supposons par exemple que quelqu'un n'a pas de succès dans ses affaires et que les choses en général ne vont pas bien. Supposons maintenant qu'une telle personne se rend à un centre de prières et reçoit la prière de prophétie d'un pasteur qui dit, «Tu as été choisi par Dieu comme Son serviteur. C'est pourquoi tu dois échouer dans toutes tes tentatives d'affaires.»

La personne qui répond en disant, «Cela peut-il réellement être vrai? Je pense que tu peux avoir raison parce que je n'ai réussi en rien. Peut être est-ce vrai que Dieu ne m'a pas permis d'expérimenter le succès dans mes affaires de sorte qu'Il puisse faire de moi Son serviteur.»

Certaines personnes deviennent des pasteurs sous la poussée d'autres personnes de cette manière. Ce n'est pas parce qu'ils aiment Dieu. Ce n'est pas juste de devenir pasteur par peur et se sentir forcé de le faire. Dans la Bible, nous pouvons voir Dieu qui appelle et utilise ceux qui étaient intelligents et capables. Il n'utilise pas ceux qui ont échoué dans la société et ceux qui étaient incapables d'accomplir quoi que ce soit par eux-mêmes.

De même certaines personnes ne deviennent pasteurs que pour avoir un travail en pensant qu'en tant que pasteur, ils peuvent dépenser les offrandes à leur discrétion.

De plus, parfois l'ennemi diable et Satan incitent et motivent certaines personnes à devenir pasteurs pour une variété de raisons. Satan trouble le royaume de Dieu au travers de telles personnes.

Ordre dans l'Eglise

Beaucoup de gens questionnent l'ordre et la hiérarchie dans l'église en se demandant, «Si tout le monde dans l'église est égal aux yeux de Dieu, alors pourquoi devons-nous avoir des postes tels que pasteurs, diacres, anciens et ainsi de suite?» Nous pouvons comprendre que même dans une famille il y a un ordre et une autorité. D'abord, il y a les leaders de la famille, le père et la mère et alors parmi les descendants, il y a un ordre parmi les frères et sœurs.

Que se passerait-il si tous les membres de la famille agiraient à la place du père? Que se passerait-il si tous les membres d'une société agiraient comme le PDG? Alors comment pourraient-ils accomplir quelque chose? Chaque groupe ou organisation doit avoir un ordre et une autorité et une direction et ils doivent les suivre de manière à ce que l'organisation puisse fonctionner et opérer.

1 Corinthiens 12 :28 dit, «*Et Dieu a établi dans l'Église premièrement des apôtres, secondement des prophètes, troisièmement des docteurs, ensuite ceux qui ont le don des miracles, puis ceux qui ont les dons de guérir, de secourir, de*

gouverner, de parler diverses langues.» C'est pourquoi, dans l'ordre qui est donné, nous pouvons voir que ceux qui ont le don de guérisons suivent les apôtres, les prophètes, les enseignants et les miracles.

Mais aujourd'hui, certaines personnes ignorent simplement ce type d'ordre et causent des problèmes. Par exemple, lorsque quelqu'un reçoit le don des guérisons, il ne l'utilise pas pour la gloire de Dieu en suivant l'ordre dans l'église, mais il devient arrogant et regarde de haut les pasteurs et même juge certains d'entre eux. Certaines personnes disent qu'elles prophétisent et créent des divisions en rassemblant les gens dans l'un ou l'autre groupe. De telles choses ne doivent pas se produire dans les églises.

Qui est qualifié pour être appelé un apôtre?

Un apôtre est quelqu'un qui n'a pas sa volonté propre, mais accomplit entièrement celle de son maître ou professeur. En d'autres termes, tout comme le Seigneur a complètement accompli la volonté de Dieu, un apôtre suit complètement le chemin du Seigneur. C'est pourquoi, il y a de nombreux pasteurs, mais tous ne sont pas apôtres.

Comment pouvons-nous suivre la volonté de Dieu et l'accomplir entièrement? Par-dessus tout, nous devons avoir le cœur du Seigneur et devenir sanctifiés. Nous ne pouvons faire ce que Jésus a fait uniquement au travers de la sanctification de nos cœurs, nous recevons le don des guérisons, démontrons le don d'accomplir des miracles et utilisons le don de l'enseignement. Alors, nous pouvons guérir les malades, relâcher les chaînes de l'injustice et changer les âmes par la parole de Dieu pour leur donner le désir de vivre selon la volonté de Dieu.

Nous ne voyons le mot apôtre qu'après que le Seigneur Jésus soit venu. Alors, qui était Moïse dans l'Ancien Testament? Nous pouvons nous demander qui était plus grand. Était-ce Moïse ou était-ce Paul, Sosthène et Timothée? Etant donné qu'ils étaient apôtres, étaient-ils plus grand que Moïse?

Si Moïse était né dans le Nouveau Testament, il aurait aussi été appelé un apôtre. Dans le Nouveau Testament, le Seigneur avait des disciples et leur a enseigné. Donc, tous ceux qui ont eu le Seigneur comme professeur et ont accompli Sa volonté étaient des apôtres. Mais dans l'Ancien Testament, Moïse n'avait pas de professeur parce qu'il a été choisi par Dieu Lui-même.

Figurativement, un roi ne doit pas avoir un disciple. De la même manière, au temps de l'Ancien testament, ils recevaient directement la révélation de Dieu, et le mot 'apôtre' n'était donc pas nécessaire. Mais dans le Nouveau Testament, il y avait des disciples du Seigneur et ils étaient appelés apôtres.

Jean 14 :12 dit, *«En vérité, en vérité, je vous le dis, celui qui croit en moi fera aussi les oeuvres que je fais, et il en fera de plus grandes, parce que je m'en vais au Père.»*
C'est pourquoi, les vrais apôtres prient instamment,

reçoivent la puissance de Dieu et accomplissent les œuvres merveilleuses de puissance tout comme le Seigneur l'a fait. Ils chassent le diable et guérissent les malades. Ils changent les gens et les motivent à vivre dans la vérité de la parole de Dieu. Si quelqu'un accomplit entièrement la volonté de Dieu de cette manière, il peut être appelé un apôtre.

Le Salut au Travers du Dieu de la Trinité

«A l'Église de Dieu qui est à Corinthe, à ceux qui ont été sanctifiés en Jésus-Christ, appelés à être saints, et à tous ceux qui invoquent en quelque lieu que ce soit le nom de notre Seigneur Jésus-Christ, leur Seigneur et le nôtre: que la grâce et la paix vous soient données de la part de Dieu notre Père et du Seigneur Jésus-Christ!» (1:2-3)

Le verset 2 dit, «....*ceux qui ont été sanctifiés en Jésus-Christ,*» Cela se réfère à ceux qui ont chassé tout ce qui n'appartient pas à la vérité, qui se sont revêtus de vérité, et qui vivent dans la vérité. Les 'saints' sont ceux qui sont devenus sanctifiés dans la vérité. Ce sont ceux qui vivent conformément à la parole de Dieu.

Ceux qui ne vivent pas dans la parole, sont ceux qui commettent encore des péchés. Ce sont ceux qui critiquent, deviennent jaloux et haïssent leurs frères. Ils ne gardent pas le dimanche saint, et ce sont donc des chrétiens 'touristes', mais en tant que tels, ils ne peuvent être considérés comme 'saints'. Ils sont la paille qui ne peut être sauvée aux yeux de Dieu.

Le Seigneur viendra pour prendre le vrai grain, mais pas la paille. Nous devons donc devenir le grain. Nous devons continuellement lutter pour atteindre le salut complet en vivant selon la Parole de Dieu.

Dans le verset 3, l'apôtre Paul bénit ceux qui vont à l'église et luttent pour devenir de saints enfants de Dieu. Il les bénit pour qu'ils possèdent la grâce et la paix. Malgré le fait qu'ils ne soient pas encore totalement qualifiés pour être appelés des saints, ceux qui vont à l'église et assistent aux cultes d'adoration arrivent à avoir la foi. C'est pourquoi il bénit tous les gens pour recevoir la grâce et la paix.

Ici, 'grâce' se réfère au salut de Jésus-Christ que Dieu nous donne gratuitement sans aucun prix qui puisse être payé par nous. Dieu nous donne la vie et sauve ceux d'entre nous qui croient dans le nom du Seigneur, qu'il est mort à la croix pour nous et qu'il est ressuscité. C'est cela Sa grâce.

Si nous comprenons la vérité de qui est Dieu, réalisons quelle est Sa volonté, savons comment recevoir des bénédictions, et pratiquons la parole de vérité, alors la paix viendra sur nous. C'est aussi la bénédiction de Dieu qu'il a inspiré Paul à écrire ce livre dans la Bible.

«Je rends à mon Dieu de continuelles actions de grâces à votre sujet, pour la grâce de Dieu qui vous a été accordée en Jésus-Christ. Car en lui vous avez été comblés de toutes les richesses qui concernent la parole et la connaissance, le témoignage de Christ ayant été solidement établi parmi vous, de sorte qu'il ne vous manque aucun don, dans l'attente où vous êtes de la manifestation de notre Seigneur Jésus-Christ.» (1:4-7)

L'apôtre Paul dit toujours qu'il rend grâce à Dieu. Nous qui sommes sauvés par la grâce de Jésus-Christ devrions aussi faire le même genre de confession.

Il y a des gens qui disent que les croyants sont bons pour discourir, et oui, si nous sommes armés de la vérité, nous serons bons à discourir. Mais c'est à cause du Saint-Esprit dans nos cœurs que nous pouvons bien parler, et non pas par une quelconque habilité personnelle. C'est pourquoi, même ceux qui ont un caractère introverti peuvent malgré tout confesser avec assurance au sujet de Jésus-Christ lorsqu'ils apprennent la parole de Dieu.

Le verset 6 dit, «le témoignage de Christ ayant été solidement établi parmi vous.» Quel est ce témoignage que Jésus-Christ avait qui avait été confirmé en nous? Jésus est venu dans ce monde en tant que Fils de Dieu et nous a rachetés de nos péchés en mourant sur la croix. Il a accompli la volonté de Dieu et est ressuscité. Il est ensuite remonté dans les cieux, mais avant Son ascension, Il a promis qu'Il reviendrait. Tandis que nous écoutons la parole de vérité de la part de pasteurs et de frères dans la foi, notre foi grandit et cela est confirmé.

Jésus a accompli la loi avec amour. Nous pouvons aussi vivre dans la parole de vérité si nous aimons entièrement et complètement Dieu. Ceux qui gardent la parole de Dieu attendront aussi anxieusement la Seconde Venue de notre Epoux Jésus-Christ comme dit dans Apocalypse 22 :20.

La Bible compare le Seigneur à un époux et les croyants comme ses épouses. Ainsi, non seulement les femmes, mais tous les hommes également, sont référés comme les 'épouses' du Seigneur. Ceux qui ont le don d'amour, c'est-à-dire ceux qui vivent dans la vérité, se lamentent et attendent le Seigneur notre époux, parce qu'ils se préparent comme une épouse doit le faire.

Le verset 7 dit donc, «de sorte qu'il ne vous manque aucun don, dans l'attente où vous êtes de la manifestation de notre Seigneur Jésus-Christ.» Ici, le terme 'don se réfère au don d'amour décrit dans 1 Corinthiens 13. C'est le don pour aimer Dieu de tout notre cœur, âme et force.

> «Il vous affermira aussi jusqu'à la fin, pour que vous soyez irréprochables au jour de notre Seigneur Jésus-Christ. Dieu est fidèle, lui qui vous a appelés à la communion de son Fils, Jésus-Christ notre Seigneur.» (1:8-9)

Ici, 'Il' qui se réfère au Seigneur, se réfère à Jésus-Christ et au Saint-Esprit simultanément. Nous ne pouvons pas nous empêcher de vivre dans le péché sans l'aide du Saint-Esprit. Le Saint-Esprit nous est donné en tant que don lorsque nous acceptons Jésus-Christ. Le Saint-Esprit nous aide à la fois à comprendre la vérité et à nous donner la capacité de vivre selon la Parole.

Le verset 8 dit, «Il vous affermira aussi jusqu'à la fin, pour que vous soyez irréprochables au jour de notre Seigneur Jésus –Christ.» 'Le jour de notre Seigneur Jésus-Christ' se réfère au jour de la Seconde Venue de Jésus-Christ ou au jour du Jugement. 'Vous' dans ce verset se réfère non seulement aux membres de l'église de Corinthe mais à tous les enfants de Dieu.

Nous recevons le salut dans le nom de Jésus-Christ. Alors pouvons-nous recevoir le salut uniquement au travers de Jésus-Christ sans Dieu? Jésus-Christ est venu dans ce monde au travers de l'amour de Dieu et nous sommes sauvés parce que Jésus-Christ nous a rachetés de nos péchés.

Cela ne signifie pas que nous pouvons être sauvés uniquement avec Dieu et Jésus-Christ. Nous ne pouvons pas être sauvés si le Saint-Esprit n'est pas là pour nous. Lorsque nous confessons que nous sommes pécheurs et acceptons humblement Jésus-Christ en tant que notre Sauveur, le Saint-Esprit vient dans notre cœur et nous conduit pour vivre dans la vérité. Il nous fait connaitre au sujet du péché, de la justice et du jugement et nous donne grâce et force de sorte que nous puissions être fermes dans la foi et recevoir le salut.

C'est pourquoi, nous devrions comprendre que nous sommes sauvés au moyen de Dieu la Trinité, c'est-à-dire au travers du Père, du Fils et du Saint-Esprit. Jusqu'au temps du jugement, Jésus-Christ et le Saint-Esprit nous appuient pour nous maintenir sans blâme jusqu'à la fin.

Le verset 9 dit, «Dieu est fidèle, lui qui vous a appelés à la communion de son Fils, Jésus-Christ notre Seigneur.» il est écrit, 'vous avez été appelés' parce que Dieu nous a appelés à l'église pour croire en Jésus-Christ. Nous ne sommes pas venus devant Dieu de nous-mêmes. Personne ne peut venir devant Dieu à moins qu'il ne soit appelé par Dieu. C'est pourquoi nous ne devrions pas dire que nous sommes allés à l'église et avons reçu le salut à notre propre initiative. Nous avons été appelés.

Il y a de nombreuses expressions qui se réfèrent à Jésus, telles que 'Son Fils', 'Jésus', 'Christ', 'notre Seigneur', et ainsi de suite. Ce n'est pas parce que Dieu aime la complexité. C'est parce qu'il y a des significations spirituelles différentes dans chacun de ces noms.

Dieu a un secret et un plan qu'il avait cachés dès avant le commencement des temps. C'était le plan pour notre salut et le secret était Jésus-Christ. Lorsqu'on se réfère à Jésus en tant que 'Son Fils', cela veut dire qu'il est le Fils unique de Dieu. Son Fils est venu sur cette terre en tant que 'Jésus' ce qui signifie 'Celui qui va sauver Son peuple de ses péchés.' (Matthieu 1 :21)

'Christ' signifie 'le Oint', et c'est la personne qui a reçu un ordre direct de Dieu. C'est-à-dire que le titre 'Son Fils, Jésus-Christ notre Seigneur' signifie 'le seul et unique Fils de Dieu, qui est le secret caché dès avant le commencement, qui est né sur cette terre pour sauver Son peuple de ses péchés, et Il nous a racheté de nos péchés et nous a donné le salut, devenant ainsi notre Sauveur.'

Cela dit aussi que Dieu est fidèle. Cela signifie que Dieu est digne de confiance et vrai. Aussi, quand nous louons Dieu, nous disons qu'Il est fidèle. Nous louons Sa toute puissance avec cette parole. Nous pouvons exprimer la beauté de Dieu, Sa gentillesse et Sa miséricorde en général en disant que Dieu est fidèle.

Pour que tous Acceptent

«Je vous exhorte, frères, par le nom de notre Seigneur Jésus-Christ, à tenir tous un même langage, et à ne point avoir de divisions parmi vous, mais à être parfaitement unis dans un même esprit et dans un même sentiment. Car, mes frères, j'ai appris à votre sujet, par les gens de Chloé, qu'il y a des disputes au milieu de vous. Je veux dire que chacun de vous parle ainsi: Moi, je suis de Paul! et moi, d'Apollos! et moi, de Céphas! et moi, de Christ!» (1:10-12)

Paul exhorte tous les enfants de Dieu à être d'accord. Mais comment tous peuvent-ils être d'accord étant donné que nous avons tous différentes pensées et standards? Ici, 'tenir tous un même langage' veut dire que nous pouvons agir ainsi quand nous comprenons clairement la Parole de Dieu et vivons dans la vérité.

S'il y a des querelles, cela signifie que nous avons toujours des pensées de contrevérité et que nous ne sommes pas unis en Dieu. C'est pourquoi l'essence de cette parole signifie que nous devons chasser les pensées mensongères de demeurer dans la vérité.

Si nous vivons selon la Parole de Dieu, notre cœur, notre volonté et nos pensées vont naturellement devenir un. Notre cœur, notre intelligence et notre âme, et notre volonté et nos pensées peuvent s'unir lorsque nous suivons la voix du Saint-Esprit, parce que la vérité est une.

Par exemple, supposons qu'une personne demande un conseil spirituel et la direction à un grand nombre de conseillers. Bien sûr, individuellement, les conseillers ne vont pas tous donner une même réponse. C'est parce qu'ils ne sont pas unis en tant qu'un dans la vérité. Mais si les conseillers et les pasteurs s'arment de la parole de Dieu et entendent clairement la voix du Saint-Esprit, ils donneront à peu près tous la même réponse.

Comme le dit Romains 8 :14, *«Car tous ceux qui sont conduits par le Saint-Esprit sont enfants de Dieu.»* leurs réponses peuvent être les mêmes parce que le Saint-Esprit les conduit.

L'apôtre Paul les presse en disant, «... à ne point avoir de divisions parmi vous, mais à être parfaitement unis dans un même esprit et dans un même sentiment.» Nous devons nous revêtir uniquement de la parole de Dieu, parce que la parole de

Dieu est la seule vérité et le seul vrai standard de jugement.

Êtes-vous ce type de personne qui insiste sur le fait que vous ayez raison et qui cause des divisions et de l'aliénation parmi les gens? Dieu appelle un tel acte, une 'synagogue de Satan' et Il ne pardonne pas une telle chose. Il ne doit jamais y avoir de division dans l'église.

Paul est arrivé à connaître qu'il y avait une division dans l'église de Corinthe par les gens de Chloé. Les membres de l'église de Corinthe suivaient leurs propres pensées et ne se tenaient pas dans la vérité. Cela entrainait des divisions parmi eux. C'est pourquoi ils disaient «Je suis de Paul» ou «je suis d'Apollos.»

Aujourd'hui, nous voyons souvent des divisions dans les églises. Cela n'est pas fait sous l'inspiration du Saint-Esprit mais sous l'instigation de Satan. Si quelqu'un cause une division parce que ses pensées ne sont pas en accord avec la parole de Dieu, alors c'est une synagogue de Satan.

Un jour je suis allé à un certain endroit pour y conduire une réunion de réveil. Il y avait environ 40 églises dans cette région. J'ai appris que de nombreuses églises avaient de nombreuses factions parmi elles. À cause de cela, les pasteurs n'étaient pas capables d'y rester pour servir. J'étais désolé d'entendre une telle chose. Il y avait même une action judiciaire parmi eux parce que chacun essayait de devenir le dirigeant. Ce genre de chose vient de Satan.

Dans Matthieu 16 :21, Jésus a dit à Ses disciples qu'Il devait se rendre à Jérusalem, et y souffrir de nombreuses choses de la part des anciens et des souverains sacrificateurs et des scribes, et qu'Il devait être tué et ressusciter le troisième jour.

En entendant cela, Pierre a dit que cela n'arriverait jamais au Seigneur. Il a dit cela parce qu'il aimait son maitre. Mais Jésus a dit, «Arrière de moi Satan,» parce que c'était la volonté de Dieu pour Lui qu'Il prenne les souffrances de la croix et que c'était pour l'accomplissement de la providence du salut.

Bien sûr, Jésus ne voulait pas dire que Pierre était Satan. Il le disait parce que Pierre avait eu une pensée charnelle. Les paroles de Pierre ne venaient pas du Saint-Esprit mais elles venaient par les œuvres de Satan.

Pour que nous puissions devenir des enfants bien-aimés de Dieu, nous ne devons jamais calomnier ni critiquer les autres et semer des divisions. Nous devons avoir un seul cœur et une seule volonté dans le Seigneur avec la crainte et l'amour pour Dieu. Nous devons aussi aimer nos prochains comme nous-mêmes en priant pour eux avec des larmes.

Le verset 12 dit, «Je veux dire que chacun de vous parle ainsi: Moi, je suis de Paul! et moi, d'Apollos! et moi, de Céphas! et moi, de Christ!»

Comment peut-il y avoir des divisions dans l'église? Ce ne sont pas les pasteurs ou les anciens de l'église qui nous ont rachetés de nos péchés en mourant à la croix. Tous nous appartenons à Jésus-Christ, parce que Jésus a été crucifié pour racheter toute l'humanité de ses péchés. Nous ne devrions jamais dire que nous sommes d'un pasteur, ancien ou personne d'autre mais que nous sommes du Seigneur Jésus-Christ.

C'est pourquoi, nous ne devons pas dire, «J'ai été offensé à cause d'un tel croyant, et c'est pourquoi je ne viens pas à l'église.» Nous venons à l'église en regardant à Jésus-Christ seul, et nous ne devons donc pas chuter à cause des hommes. De même, ceux qui se fâchent le font parce qu'ils ont une étroitesse d'esprit. Ceux qui ont des cœurs larges ne seront pas énervés parce qu'ils peuvent accepter et embrasser les autres. Si quelqu'un critique, exerce un jugement sur les autres, est colérique ou cause des divisions, alors il doit humblement s'examiner lui-même.

En faisant cela, nous pouvons avoir la détermination de chasser les choses qui s'opposent à la Parole de Dieu, mettre notre confiance dans Sa Parole et Lui obéir. Nous pouvons alors demeurer dans l'amour de Dieu.

«Christ est-il divisé? Paul a-t-il été crucifié pour vous, ou est-ce au nom de Paul que vous avez été baptisés? Je rends grâces à Dieu de ce que je n'ai baptisé aucun de vous, excepté Crispus et Gaïus, afin que personne ne dise que vous avez été baptisés en mon nom.» (1:13-15)

Paul a dit, «Christ est-Il divisé?» Il était désolé pour les divisions dans l'église de Corinthe. Il était plutôt reconnaissant pour le fait qu'il n'ait baptisé que quelques membres là-bas, parce que certains croyants dans l'église de Corinthe s'étaient mépris en pensant qu'ils étaient sauvés par la personne qui les avait baptisés.

Paul les a enseigné avec la vérité, mais ils avaient la mécompréhension de penser que Paul leur donnait le salut. Combien Paul devait-il être embarrassé! Donc, s'il avait baptisé plus de croyants, ils l'auraient servi comme s'il était le Sauveur. C'est pourquoi il était heureux de n'avoir baptisé que peu d'entre eux.

Les pasteurs et les serviteurs de Dieu ne peuvent que conduire les gens vers Dieu en leur enseignant que Jésus-Christ est le sauveur. Ils ne peuvent jamais donner le salut. Comme il est écrit dans 1 Corinthiens 3 :6, les hommes ne peuvent que planter et arroser, et celui qui fait croître, c'est Dieu seul.

Seul Jésus-Christ est le Sauveur. Certaines personnes avaient posé la question suivante. «Pasteur, n'est-il pas erroné pour des croyants de vous suivre comme Jésus?» Alors je réponds, «Aucun des membres de mon église me prend comme le Sauveur. Ils ne me suivent qu'en tant que serviteur du Seigneur par lequel Dieu montre ses œuvres.» En fait, je me sens très embarrassé de recevoir une telle question. Je comprends comment Paul a dû se sentir quand il a écrit ce passage.

Aujourd'hui, il y a certaines personnes qui revendiquent

qu'elles sont le 'Sauveur' ou 'l'Olivier' et il y en a aussi qui les suivent. Quelle pitié!

Si je dis, «Je suis Dieu alors, suivez-moi!» il n'y a aucun des membres de mon église qui me croirait, parce qu'ils sont tous équipés de la vérité de Dieu.

Aimer un serviteur de Dieu que Dieu aime signifie aimer l'église, et aimer l'église, c'est aimer Dieu. Parce que nous aimons Dieu, nous aimons le serviteur de Dieu qui nous conduit vers le salut. Si nous disons que nous aimons Dieu sans aimer le pasteur que l'on voit, alors, c'est un mensonge.

Tous veulent que leurs parents soient respectables et les gens les meilleurs qu'ils puissent être. Si les enfants ne font pas confiance à leurs parents, il est certain qu'ils iront sur un mauvais chemin. Si nous ne faisons pas confiance au pasteur qui nous conduit, il est difficile pour nous de nous consacrer à l'église.

Alors, nous nous éloignerons naturellement de l'église en n'aimant pas Dieu. Si le pasteur d'une église ne peut pas être respecté, c'est quelque chose de très malheureux.

«J'ai encore baptisé la famille de Stéphanas; du reste, je ne sache pas que j'aie baptisé quelque autre personne.» (1:16)

1 Corinthiens 16 :15-18 dit, «*Encore une recommandation que je vous adresse, frères. Vous savez que la famille de*

Stéphanas est les prémices de l'Achaïe, et qu'elle s'est dévouée au service des saints. Ayez vous aussi de la déférence pour de tels hommes, et pour tous ceux qui travaillent à la même oeuvre. Je me réjouis de la présence de Stéphanas, de Fortunatus et d'Achaïcus; ils ont suppléé à votre absence, car ils ont tranquillisé mon esprit et le vôtre. Sachez donc apprécier de tels hommes.»

Stéphanas était une personne très fidèle qui se consacrait au ministère en faveur des saints, et l'apôtre Paul lui-même l'avait baptisé. Paul exhortait alors les autres à reconnaître de tels hommes. Il les a aussi exhortés à obéir non seulement à de tels hommes qui se sont dévoués pour servir les croyants, mais aussi à tous ceux qui aidaient pour le service et les œuvres.

Dans ce monde, les gens obéissent à ceux qui ont des positions plus élevées ou une plus grande autorité. Mais les chrétiens ne devraient pas regarder au statut social, à l'autorité ou à la prospérité. Nous devons le considérer comme un noble attribut que d'obéir à ceux qui sont fidèles au Seigneur, parce que nous ne considérons pas le statut social, l'autorité ou la prospérité comme quelque chose d'important dans le Seigneur.

Nous devrions considérer combien nous sommes obéissants à ces hommes de foi qui dévouent leurs vies pour le ministère. Nous devons examiner si nous avons ou non parlé d'eux sans attention ou si nous avons jugé de telles personnes. L'apôtre Paul a exhorté le peuple de Corinthe à reconnaître ceux qui sont fidèles au Seigneur et que les autres sachent comment ils les ont respectés et le travail qu'ils accomplissaient.

Dans le verset 16, Paul dit, «J'ai encore baptisé la famille de Stéphanas; du reste, je ne sache pas que j'aie baptisé quelque autre personne.» Il a fait une telle remarque parce que sa mémoire était un peu voilée après tant de voyages missionnaires.

Alors, Paul n'a-t-il baptisé que ces trois personnes? Dans Actes 16 :33, lorsque les apôtres Paul et Silas étaient en prison, le geôlier et sa famille ont accepté le Seigneur et ont été baptisés par Paul. C'est seulement que la mémoire de Paul n'était plus très claire à ce moment-là.

«Ce n'est pas pour baptiser que Christ m'a envoyé, c'est pour annoncer l'Évangile, et cela sans la sagesse du langage, afin que la croix de Christ ne soit pas rendue vaine.» (1:17)

Dieu ne nomme pas ses serviteurs et ne leur permet pas de rester à la chaire pour qu'ils se focalisent sur le baptême. Cela est accompli pour leur laisser prêcher le message de la croix et l'évangile de sorte que les gens reçoivent le salut.

Chacun a un différent niveau dans l'usage de la parole. Certains ont une connaissance étendue alors que d'autres ont de bonnes capacités d'orateur pour parler en public. C'est pourquoi, ils peuvent prêcher avec des paroles de connaissance ou transmettre certaines pensées profondément philosophiques.

Mais l'apôtre Paul ne prêchait pas l'évangile avec la connaissance de ce monde ni l'intelligence du discours.

Certains disent qu'ils ne peuvent pas répandre l'évangile parce qu'ils n'ont pas la sagesse des mots. Malgré que le prédicateur peut ne pas avoir de bonnes capacités d'élocution, les œuvres du Saint-Esprit auront lieu lorsqu'il prêche qui est Dieu, qui est Jésus-Christ, et le chemin de la croix, la résurrection, la Seconde Venue du Seigneur, et au sujet du Ciel et de l'Enfer.

Comme les jours passent, les gens ont d'avantage de connaissance et d'éducation, mais ils ne vivent pas des vies moralement meilleures. Au contraire ils deviennent plutôt plus rapidement remplis de péchés. On ne peut pas changer les cœurs des hommes ni planter la foi en eux avec l'intelligence de l'élocution, ni la connaissance de ce monde.

C'est pourquoi, le verset 17 dit, «sans la sagesse du langage, afin que la croix de Christ ne soit pas rendue vaine.» Car prêcher l'évangile avec la connaissance de ce monde ou l'intelligence de l'élocution n'est pas en accord avec la volonté de Dieu, et le Saint-Esprit ne peut donc pas travailler avec eux.

Dieu est esprit et Sa Parole est aussi la parole de la quatrième dimension, qui est une dimension spirituelle. 1 Corinthiens 2 :13 dit, *«Et nous en parlons, non avec des discours qu'enseigne la sagesse humaine, mais avec ceux qu'enseigne l'Esprit, employant un langage spirituel pour les choses spirituelles.»* Nous ne pouvons pas comprendre la parole de Dieu sans l'aide du Saint-Esprit.

Exode 12:8-9 parle de la manière dont nous devons manger l'agneau. Il est écrit, *«Cette même nuit, on en mangera la chair, rôtie au feu; on la mangera avec des pains sans levain et des herbes amères. Vous ne le mangerez point à demi cuit et bouilli dans l'eau; mais il sera rôti au feu, avec la tête, les jambes et l'intérieur.»*

L'agneau dans l'Exode se réfère spirituellement à Jésus-Christ. Jean 1:29 a relaté, *«Voici l'Agneau de Dieu, qui ôte le péché du monde.»* A moins que nous ne mangions le corps et buvions le sang du Fils de l'homme, nous n'avons pas la vie et nous ne pouvons pas gagner la vie éternelle (Jean 6:53). C'est pourquoi nous devons manger la chair du Fils de l'Homme qui est le corps du Seigneur, qui est l'Agneau.

Alors, comment pouvons-nous manger l'agneau? Cela nous dit que nous ne devons pas le manger cru, ni le bouillir, mais de le rôtir au feu, tout cela en incluant la tête, les pattes et les entrailles. Cela veut dire que nous devons comprendre les paroles des soixante-six livres de la Bible au travers de l'inspiration du Saint-Esprit. Manger l'agneau cru ou bouilli dans l'eau symbolise la compréhension littérale de la parole de Dieu ou son mélange avec des connaissances de ce monde comme la philosophie.

Réalisons que nous ne pouvons pas changer les cœurs des hommes ni planter en eux la foi avec seulement l'intelligence de l'élocution. Nous ne devons prêcher l'évangile qu'en suivant l'inspiration du Saint-Esprit.

Christ est la sagesse et la Puissance de Dieu

> «Car la prédication de la croix est une folie pour ceux qui périssent; mais pour nous qui sommes sauvés, elle est une puissance de Dieu.» (1:18)

Pour ceux qui périssent, c'est-à-dire pour ceux qui ne croient pas en Jésus-Christ, la parole de la croix semble insensée.

Certains incroyants considèrent les croyants comme étant insensés. Certains autres ne croient qu'en eux-mêmes en disant, «Comment peut-on croire en Dieu alors qu'on ne peut pas le voir?» C'est parce que le message de la croix leur semble insensé. Mais pour les croyants qui ont reçu le salut, c'est la puissance de Dieu.

Jean 11:25-26 dit, *«Jésus lui dit: Je suis la résurrection et la vie. Celui qui croit en moi vivra, quand même il serait mort; et quiconque vit et croit en moi ne mourra jamais.*

Crois-tu cela?»

Comme c'est écrit, ces enfants de Dieu qui ont accepté Jésus-Christ ne mourront jamais. Leurs corps physiques mourront et retourneront à la poussière, mais leur esprit sera sauvé et vivra éternellement dans le royaume des cieux. C'est pourquoi la Bible déclare que lorsque les croyants meurent, on dit qu'ils 'dorment' et non point 'sont morts'.

Actes 7:59-60 dit, *«Et ils lapidaient Étienne, qui priait et disait: Seigneur Jésus, reçois mon esprit! Puis, s'étant mis à genoux, il s'écria d'une voix forte: Seigneur, ne leur impute pas ce péché! Et, après ces paroles, il s'endormit.»* Ceux qui meurent après avoir accepté le Seigneur ressusciteront comme le Seigneur est ressuscité. C'est pourquoi la Bible dit qu'il 's'endormit'.

Revenir de la mort pour la résurrection et la vie éternelle ne peut pas être compris ou même imaginé avec la connaissance des hommes. Ce n'est fait qu'avec la puissance de Dieu.

Alors qu'est-ce que la puissance de Dieu?

Jean 8:44 dit, *«Vous avez pour père le diable, et vous voulez accomplir les désirs de votre père.»* Cela ne signifie pas que notre père physique est le diable, mais que ceux qui n'appartiennent pas à Dieu appartiennent au diable, le dirigeant de ce monde.

Jusqu'à ce que Jésus ait pris la croix à la place de nous les pécheurs, nous appartenions tous au diable. Mais au travers de la croix, Dieu est devenu notre Père. C'est cela la puissance de Dieu.

1 Jean 3:10 dit, *«C'est par là que se font reconnaître les enfants de Dieu et les enfants du diable. Quiconque ne pratique pas la justice n'est pas de Dieu, non plus que celui qui n'aime pas son frère.»*

Il est écrit que ceux qui n'aiment pas leurs frères n'appartiennent pas à Dieu. S'ils n'appartiennent pas à Dieu, alors ils doivent appartenir au diable. À un moment, nous appartenions tous au diable. Aucun d'entre nous n'aimait réellement ses frères vivant dans la justice. Nous sommes arrivés à aimer nos frères et à vivre dans la justice après avoir écouté le chemin de la croix, accepté Jésus-Christ et avoir commencé à vivre selon la Parole de Dieu.

C'est de cette manière que ceux qui ont une fois appartenu au diable en viennent à appartenir à Dieu. C'est cela la puissance de Dieu. Nous n'avions d'autre choix auparavant que de vivre dans le péché, mais dès le moment où nous acceptons Jésus-Christ, le Saint-Esprit vient en nous et nous permet de chasser toutes formes d'injustices et de vivre dans la justice de Dieu. C'est cela la puissance de Dieu.

Lorsque nous étions dans le monde, ne croyant pas en Dieu, ce n'était pas facile pour nous d'abandonner ces choses telles que de fumer ou de boire. La détermination personnelle ne dure souvent pas plus de trois jours. J'ai aussi essayé de cesser de fumer. J'ai jeté toutes les cigarettes que je possédais, mais j'ai dû les ramasser et recommencer à fumer après quelques jours.

Mais après que j'aie accepté le Seigneur, c'était tellement facile de cesser de fumer et de boire. J'ai pu immédiatement quitter les deux parce que j'étais rempli du Saint-Esprit au travers des prières. C'est la puissance de Dieu pour changer les gens et leur permettre de chasser la contrevérité et de vivre dans la justice avec l'aide du Saint-Esprit.

> «Aussi est-il écrit: Je détruirai la sagesse des sages, Et j'anéantirai l'intelligence des intelligents.» (1:19)

Dans ce monde, il y a certains groupes de gens qui proclament être sages et intellectuellement avancés. Ils prétendent être les premiers dans leurs systèmes d'éducation, d'avancement dans la science médicale, le développement scientifique et technologique et même les aspects de leurs cultures. Mais devant Dieu et pour les croyants ce n'est pas ainsi.

Ecclésiaste 1 :2 dit, *«Vanité des vanités, dit l'Ecclésiaste, vanité des vanités, tout est vanité.»* La connaissance, la réputation, la puissance sociale et la prospérité vont toutes périr et disparaître. Tous les hommes sont destinés à mourir. Nous ne pouvons pas recevoir le salut et aller dans le royaume des cieux au travers de notre prospérité, sagesse ou intellect. Le dirigeant d'un pays peut posséder et jouir de beaucoup de choses, mais à la fin, lui aussi tombera en enfer s'il n'a pas la foi. Alors, quelle est l'utilité de sa prospérité, de sa sagesse et de ses capacités intellectuelles?

C'est pourquoi, Dieu dit qu'Il va détruire la sagesse des sages et anéantir l'intelligence des intelligents. Toutes ces choses aussi un jour périront et elles sont donc inutiles. Aux yeux de Dieu, elles sont en fait assez insensées.

Cependant, ce n'est pas sans valeur que d'avoir de la réputation, de la puissance sociale ou de la prospérité en Jésus-Christ. Nous pouvons rendre gloire à Dieu en offrant ces qualités pour faire progresser le royaume de Dieu et Sa justice. Ce sera notre récompense dans les cieux et c'est donc une bénédiction.

Ceux qui n'ont pas la foi ne connaissent pas Dieu le Créateur qui les a faits. Ils considèrent seulement leurs connaissances, leur prospérité et leur sagesse des valeurs élevées et ils vont sur le chemin de la destruction. Donc, aux yeux de Dieu, ils sont très insensés.

Esaïe 29:14 dit, *«C'est pourquoi je frapperai encore ce peuple Par des prodiges et des miracles; Et la sagesse de ses sages périra, Et l'intelligence de ses hommes intelligents disparaîtra.»*

Cette parole a été accomplie au travers de Jésus-Christ. Dans Matthieu 11:25-26, il est écrit, *«En ce temps-là, Jésus prit la parole, et dit: Je te loue, Père, Seigneur du ciel et de la terre, de ce que tu as caché ces choses aux sages et aux intelligents, et de ce que tu les as révélées aux enfants. Oui, Père, je te loue de ce que tu l'as voulu ainsi.»*

Ceux qui pensent qu'ils sont sages ne peuvent pas accepter Jésus-Christ et recevoir le salut. Mais ceux qui sont humbles comme des enfants croiront en Jésus-Christ et recevront le salut. C'est pourquoi, la vérité est que ceux qui disent qu'ils sont sages sont en fait insensés et leur discernement est obscurci.

Ceux qui se considéraient pour être sages n'ont pas accepté Jésus. Leur sagesse et leurs connaissances ont obscurci leur discernement de la vérité et ils ont été insensés. C'est pourquoi les scribes et les enseignants de la loi qui croyaient qu'ils connaissaient la parole de Dieu tellement bien, ont crucifié leur Messie. Ils sont allés sur le chemin de la destruction, et cela signifie qu'ils n'avaient ni sagesse ni intelligence.

Alors, devons-nous abandonner toute forme de connaissance et de sagesse? Je ne dis pas que la sagesse et la connaissance qu'une personne emmagasine sont mauvaises. Cependant, nous devons être capables de les utiliser pour Dieu. Tout ce que nous faisons sous le soleil est vanité, et nous devons donc d'abord avoir la connaissance et la sagesse de connaître Dieu.

«Où est le sage? où est le scribe? où est le disputeur de ce siècle? Dieu n'a-t-il pas convaincu de folie la sagesse du monde?» (1:20)

Craindre Dieu est l'origine de la connaissance et de la sagesse (Proverbes 1:7, 9:10). Aux yeux de Dieu, le standard pour discerner si oui ou non nous avons de la sagesse est si oui ou non nous craignons Dieu.

Nous pouvons gagner la vraie vie uniquement lorsque nous recevons la sagesse et la connaissance données d'en haut par Dieu. Dieu insiste sur ce point. Si nous allons sur le chemin de la destruction à cause de la connaissance de ce monde, combien cela est insensé d'avoir cette connaissance de ce monde! Donc, uniquement la Parole de vérité dans la crainte révérende de Dieu peut être le seul standard de jugement. Ceux qui sont insensés méprisent cette sagesse et ces enseignements et n'acceptent pas la Parole de Dieu.

Les vrais scribes sont ceux qui comprennent la parole de vérité et en font leur pain quotidien. Même un bon discours est sans valeur à moins qu'il ait la vie en lui. Nous ne pouvons être de vrais orateurs que lorsque nous sommes armés de la parole de Dieu et faisons un discours. Dieu pose une question sur ces gens qui vont sur le chemin de la destruction : «Vous, les gens où sont votre sagesse et votre intelligence? Où sont les scribes et les discoureurs?» Alors, Il dit, «Malgré qu'ils se vantent de leurs connaissances et de leur sagesse, ils ne peuvent être sauvés et ils ne peuvent pas expérimenter la puissance de Dieu.» En conclusion, il est dit, «Dieu n'a-t-il pas convaincu de folie la sagesse du monde?»

«Car puisque le monde, avec sa sagesse, n'a point connu Dieu dans la sagesse de Dieu, il a plu à Dieu de sauver les croyants par la folie de la prédication.» (1:21)

Les hommes croient qu'ils ont la sagesse mais ils ne peuvent pas connaître Dieu avec seulement la sagesse des hommes. C'est pourquoi Dieu laisse de nombreuses personnes atteindre le salut au travers de la prédication.

La sagesse de Dieu est sans fin, mais la sagesse et la connaissance de ce monde nous empêchent de croire dans la puissance de Dieu, et c'est donc insensé aux yeux de Dieu. Nous ne pouvons pas comprendre Dieu le Créateur avec la sagesse et la connaissance humaines, et c'est pourquoi Dieu était satisfait de la folie du message prêché pour sauver ceux qui croient.

Jean 20:29 dit, *«Heureux ceux qui n'ont pas vu, et qui ont cru.»*

D'habitude, les gens arrivent d'abord à croire en Dieu en écoutant la Parole de Dieu prêchée. La Foi est une ferme assurance des choses qu'on espère, une démonstration de celles qu'on ne voit pas. Elle peut créer quelque chose au départ de rien.

Dieu est content de sauver les hommes au travers de cette foi même, parce qu'Il peut gagner les vrais enfants qui L'aiment du fond de leurs cœurs.

Ceux qui sont arrogants et obstinés disent qu'ils ont la sagesse. Mais Dieu cherche les gens bons, qui ont des cœurs purs comme des enfants pour accepter l'évangile. Ainsi, il est satisfait de la folie du message prêché pour sauver ceux qui croient.

«Les Juifs demandent des miracles et les Grecs

cherchent la sagesse:» (1:22)

Ici 'Juifs ' a deux significations.

Cela se réfère d'abord aux hypocrites parmi les israélites qui disent qu'ils connaissent Dieu, mais qui demandent toujours des signes et des preuves.

Du temps de Jésus, les juifs n'ont pas reconnu leur Sauveur même quand Il se tenait devant leurs yeux. C'est parce qu'ils cherchaient des signes. Ils voulaient que le Messie apparaisse d'une manière glorieuse et magnifiée. Ils s'attendaient à ce que le Messie les libère de l'Empire Romain et règne sur eux.

Mais le vrai Messie qui leur prêchait l'évangile n'était pas du tout dignifié. Il était né dans une étable. Il n'a jamais porté de vêtements à la mode. Il n'avait pas même un endroit pour séjourner et Il a dormi dans le désert et dans les montagnes. Il ne pouvait même pas manger correctement. Il ressemblait entièrement à une personne insignifiante. Ces hypocrites qui cherchaient des signes ne voyaient que ce qu'ils voyaient avec leurs yeux et ils n'ont pu reconnaitre le Messie.

Le fait que Jésus soit né dans une étable a aussi une signification spirituelle. Ecclésiastes 3:18 dit, *«J'ai dit en mon coeur, au sujet des fils de l'homme, que Dieu les éprouverait, et qu'eux-mêmes verraient qu'ils ne sont que des bêtes.»* Jésus est né dans une étable où vivent les animaux pour racheter des hommes qui n'étaient pas différents des animaux et leur faire récupérer l'image originelle créée par Dieu.

Mais les hypocrites qui cherchaient des signes ne pouvaient pas comprendre cette profonde providence. Ils ne pouvaient voir des choses spirituelles. Ils essayaient seulement de voir le Messie selon leurs propres pensées en suivant la convoitise de la chair, la convoitise des yeux et l'orgueil de la vie. Finalement ils n'ont même pas pu reconnaître le Messie qui était devant leurs yeux.

La seconde signification du terme 'Juifs' signifie spirituellement les 'croyants'. Mais les juifs auxquels Paul donnait conseil ne sont pas les juifs avec la signification spirituelle de croyants, mais ces juifs qui étaient hypocrites.

Il est écrit que les juifs demandent des signes. Que dit la Bible à propos de voir et de croire? Jean 20:29 dit, «*Jésus lui dit: Parce que tu m'as vu, tu as cru. Heureux ceux qui n'ont pas vu, et qui ont cru!*» Bénis sont ceux qui croient en Dieu et acceptent Jésus-Christ et le royaume des cieux rien qu'en entendant la Parole de Dieu et ne cherchent pas des signes pour confirmer leur foi.

Certains disent qu'ils croiront uniquement quand ils le verront de leurs propres yeux. Mais quand ils voient en fait les manifestations de la puissance de Dieu, croiront-ils vraiment? La plupart des gens qui voient cela ne croiront pas et n'accepteront pas Dieu même s'ils voient les preuves du Dieu vivant au travers de Ses signes et miracles. Ils peuvent croire à cet instant, mais tôt ou tard, ils abandonneront leur foi. Mais ceux qui peuvent croire sans avoir vu n'ont pas de tels cœurs changeants, et de cette manière, ils sont ceux qui sont réellement bénis.

Paul dit que les juifs demandent des signes et que les grecs cherchent la sagesse. Pourquoi les grecs chercheraient-ils la sagesse? Les grecs étaient intellectuels et cultivés. La philosophie grecque était très avancée tôt dans leur histoire. Le peuple possédait aussi la sagesse. Ils étudiaient pour se développer et agrandir leurs connaissances et leur culture et pour vivre des vies plus heureuses.

Parce que la Grèce avait une telle sagesse et connaissance, Paul a mentionné les grecs quand il parlait de sagesse. «Les grecs cherchent la sagesse» signifie que ceux qui ont la connaissance et la sagesse continueront à apprendre et à rechercher plus de sagesse.

«... nous, nous prêchons Christ crucifié; scandale pour les Juifs et folie pour les païens,» (1:23)

Ce ne sont pas les 'juifs' ni les 'grecs', mais les vrais enfants de Dieu qui témoignent de la croix de Jésus-Christ. Ils ne parlent pas des moyens de gagner plus d'argent, plus de réputation ou de jouir d'une puissance sociale. Ils se concentrent sur le moyen d'atteindre le salut et la croix de Jésus-Christ.

Les juifs qui étaient hypocrites dans leur foi n'aimaient pas cela. C'est parce que le type de Messie que les juifs voulaient n'était pas celui qui avait été crucifié.

Même aujourd'hui, quand nous témoignons de Jésus-Christ, certaines gens diront qu'ils croiront quand ils pourront le voir et le toucher. Avec des cœurs endurcis, ils demandent des signes et disent qu'ils ne peuvent pas croire à moins de voir. Ces gens empilent péché sur péché. Si nous prêchons Jésus-Christ et leur demandons de se repentir, cela devient pour eux une pierre d'achoppement.

Néanmoins, dans un coin de leurs cœurs, ils ne peuvent nier que Dieu existe. Il y a encore un peu de bonne conscience qui demeure dans les profondeurs de leurs cœurs. C'est pourquoi ils deviennent craintifs quand ils entendent au sujet du ciel et de l'enfer. Alors ils devraient se repentir et chercher Dieu, mais ils ne veulent pas entendre parler de telles choses et essaient de repousser leurs craintes.

En outre, le passage du verset 23 dit que la prédication de Christ crucifié est une folie pour les Gentils. Gentils se réfère à tous les incroyants qu'ils soient juifs ou grecs. Pour tous ceux qui ne croient pas, le message de Christ crucifié semble insensé.

Lorsque nous prêchons l'évangile, si nous disons, «Dieu est vivant. Des maladies incurables ont été guéries par la prière dans cette église,» alors de nombreuses gens considèrent les prédicateurs comme étant insensés en pensant que de telles œuvres ne peuvent se produire et il doit y avoir eu une sorte de coïncidence. C'est parce qu'ils ne peuvent pas comprendre avec leur connaissance et leur sagesse.

Avec la sagesse et la connaissance du monde, nous ne pouvons pas croire la création au départ de rien. Mais Dieu a certainement créé les choses au départ de rien. Lorsqu'Il a dit, «que la lumière soit,» la lumière est arrivée à l'existence. Il a créé le soleil, la lune, les étoiles et toutes choses dans l'univers par Sa parole (Genèse 1:3-31). Il dit aussi, «Toutes choses sont possibles pour celui qui croit», et nous pouvons Le voir à l'œuvre selon notre foi.

Dans mon église, on peut voir que tellement de différents types de maladies incurables sont guéris lorsqu'ils reçoivent la prière avec foi. Ce n'est pas quelque chose qui s'est produit de temps à autre, mais les membres de l'église expérimentent toujours ce genre de choses.

Certaines personnes qui se considèrent elles-mêmes comme étant sages disent à propos de telles œuvres : «Ces maladies pourraient avoir été guéries par la volonté ou la puissance mentale conjointement avec l'assurance qu'ils pouvaient être guéris.» Mais même des bébés de trois ans reçoivent leur guérison par la prière, et quelle connaissance ont-ils pour qu'ils puissent être guéris par la puissance mentale? Avec la connaissance et la sagesse des hommes, nous ne pouvons ni rencontrer Dieu, ni aller sur le chemin de la vie éternelle.

Certains incroyants peuvent persécuter les croyants autour d'eux en disant, «L'église vous procure-t-elle de la nourriture ou quoi?» Bien sûr que l'église pourvoit à de la nourriture. L'église pourvoit du pain spirituel qui est la Parole de Dieu. La Parole de Dieu est vivante et elle nous conduit vers la vie éternelle, et pour cela, cette Parole est le vrai pain qui ne se dégrade pas.

Mais les gens mondains ne regardent qu'à ce qui est visible et les choses charnelles de ce monde et ils posent de telles questions. Mais les enfants de Dieu peuvent témoigner avec assurance du Seigneur, parce qu'ils savent ce qu'est la vérité.

«...mais puissance de Dieu et sagesse de Dieu pour ceux qui sont appelés, tant Juifs que Grecs.» (1:24)

Christ est la puissance de Dieu pour ces enfants de Dieu qui croient en Lui, qu'ils soient juifs ou grecs.

Même parmi les juifs hypocrites, certains d'entre eux ont cru en Jésus-Christ et ont reçu le salut. Il y a aussi certains grecs qui ont rencontré Dieu alors qu'ils cherchaient la sagesse et la connaissance. Tous ceux qui ont de la connaissance ne renient pas Dieu. Certaines personnes cherchent Dieu et le rencontrent à cause de la connaissance qu'elles ont gagnée.

Il fut un temps où nous ne savions rien au sujet de la résurrection ou de la vie éternelle. Nous pensions seulement que notre existence terrestre était tout. Mais alors que nous avions rencontré Jésus-Christ et l'avons accepté, nous pouvons croire en Dieu, qui peut ressusciter les morts, et nous pouvons croire que le ciel et l'enfer existent vraiment.

Lorsque nous acceptons Jésus-Christ, notre esprit mort est ranimé et nous pouvons emprunter le chemin de la vie éternelle. Comme Jésus l'a dit, Il est le chemin, la vérité et la vie.

Il est le Christ qui nous donne la vie et devient le chemin vers le royaume des cieux et Il est donc la puissance de Dieu.

Le passage dit aussi que le Christ n'est pas seulement la puissance de Dieu, mais aussi la sagesse de Dieu. Parce qu'il nous sauve, nous permet de devenir parfaits et nous donne la vie éternelle, Il est la sagesse.

Qui dans ce monde peut nous donner le salut et changer nos vies? Qui peut changer le cœur d'un homme mauvais en un bon cœur? Ce n'est possible qu'avec la puissance de Dieu. C'est pourquoi le verset 24 dit que Christ est «la puissance et la sagesse de Dieu» à la fois pour les juifs et les grecs.

«Car la folie de Dieu est plus sage que les hommes, et la faiblesse de Dieu est plus forte que les hommes.» (1:25)

La folie de Dieu est quelque chose qui semble insensé aux yeux des incroyants. En fait il n'y a pas de folie en Dieu.

Jésus nous a dit de tendre l'autre joue quand quelqu'un nous frappe sur l'une de nos joues. Dans ce monde, si une personne est frappée sans raison, elle pense que c'est juste de frapper en retour. Les gens mondains pensent même que ne pas répliquer est de la lâcheté. Jésus nous dit de donner notre tunique quand quelqu'un nous demande notre manteau. Cela correspond à donner vos sous- vêtements si quelqu'un vous demande votre chemise ou votre pantalon! Cela veut-il dire que nous devons nous promener nus?

Avec le système de valeurs et le point de vue du monde, la Parole de Dieu semble insensée. Mais cette parole nous apporte paix et amour, et c'est le chemin de la victoire. Nous pouvons même aimer nos ennemis et ils seront remués lorsque nous agissons conformément à la Parole de Dieu (1 Samuel 24:16-21). C'est le moyen pour avoir l'amour, la paix et la victoire.

Il est aussi écrit, «la faiblesse de Dieu est plus forte que les hommes.» Dieu a-t-il des faiblesses? Pour les croyants, Dieu n'a pas du tout de faiblesses. Mais aux yeux des incroyants, Dieu peut sembler faible.

C'est parce que la vérité nous dit de nous cacher, donner, endurer et même reculer dans une tentative pour avoir la paix, et cela peut sembler lâche aux yeux du monde. Les gens mondains essayent de prendre plus et se vantent pour être plus considérés, mais l'instruction de la parole de Dieu dit le contraire.

Jésus aussi était faible. Il ne se querellait ni ne criait. Il était plutôt doux et soumis, et ainsi aux yeux des gens mondains, Jésus était considéré comme étant faible. Matthieu 12:19-20 décrit très bien le caractère de Jésus. Il est écrit, *«Il ne contestera point, il ne criera point, Et personne n'entendra sa voix dans les rues. Il ne brisera point le roseau cassé, Et il n'éteindra point le lumignon qui fume, Jusqu'à ce qu'il ait fait triompher la justice.»*

Parce que Jésus est devenu faible comme ci-dessus, il a finalement brisé l'autorité de la mort et est ressuscité pour accomplir la volonté de Dieu. C'est pourquoi le passage dit que la faiblesse est la puissance.

Se Glorifier dans le Seigneur

«Considérez, frères, que parmi vous qui avez été appelés il n'y a ni beaucoup de sages selon la chair, ni beaucoup de puissants, ni beaucoup de nobles.» (1:26)

Ce verset nous dit comment Dieu nous appelle.

'Selon la chair' se réfère aux incroyants. Ceux qui ne croient pas en Dieu, se vantent eux-mêmes en disant qu'ils ont la réputation, l'argent, la sagesse, la connaissance, une bonne réputation, de bonnes familles, de bonnes capacités d'expression et ainsi de suite, mais toutes ces choses sont folie aux yeux de Dieu.

À quoi sert de se vanter de son éducation, de sa sagesse, de son milieu familial ou d'argent alors qu'ils marchent sur le chemin de la mort et qu'ils ne connaissent pas Dieu? C'est insensé parce que finalement toutes ces choses vont périr.

«Mais Dieu a choisi les choses folles du monde pour confondre les sages; Dieu a choisi les choses faibles du monde pour confondre les fortes; et Dieu a choisi les choses viles du monde et celles qu'on méprise, celles qui ne sont point, pour réduire à néant celles qui sont, afin que nulle chair ne se glorifie devant Dieu.» (1:27-29)

Les 'sages' se réfère à ceux qui se nomment eux-mêmes sages. Mais ils ne sont pas sages aux yeux de Dieu. Dans proverbes 1 :7 et 9 :10 nous voyons que la crainte de l'Eternel est le commencement de la sagesse. Ces versets nous disent que Dieu choisit les choses insensées de ce monde pour confondre les sages.

Ces enfants de Dieu qui ont accepté Jésus-Christ reçoivent le salut et jouissent de la vie éternelle et joyeuse dans le royaume des cieux. Mais ceux qui ne connaissent ni ne cherchent Dieu et pensent qu'ils sont sages, tomberont finalement en enfer. Ils seront tous honteux.

Dans Luc 16, nous lisons à propos de l'homme riche et du mendiant Lazare. Il y avait, un homme riche et il s'habillait habituellement en pourpre et en lin fin. Il vivait une vie joyeuse dans la splendeur chaque jour. Un homme pauvre appelé Lazare était couché à sa porte. Il était couvert de haillons et il aspirait à recevoir de la nourriture des miettes qui tombaient de la table de l'homme riche. Les chiens venaient même et léchaient ses plaies.

Lazare est mort et il a été conduit par les anges dans le sein d'Abraham. L'homme riche aussi est mort. Dans l'Hadès, il levait les yeux dans son tourment et il a vu Abraham très loin et Lazare dans son sein. Il s'est écrié et a dit, «Père Abraham, aie pitié de moi, et envoie Lazare, pour qu'il trempe le bout de son doigt dans l'eau et me rafraîchisse la langue; car je souffre cruellement dans cette flamme.» Mais on n'a pas pu l'aider.

L'homme riche aimait le monde et les plaisirs mondains, mais il n'aimait pas Dieu. Après sa mort, il est tombé dans le profond Hadès et il est resté là avec de la douleur. Mais l'homme pauvre Lazare malgré qu'il ait vécu dans la pauvreté, avait la crainte de Dieu. Il a reçu le salut et est allé dans le sein d'Abraham.

L'homme riche a cru qu'il était sage quand il vivait sur la terre. Mais après sa mort, le mendiant Lazare qui semblait fou sur la terre jouissait du bonheur. L'homme riche devait souffrir dans les flammes. Ce n'était pas pour un ou deux jours, mais éternellement. Combien cela est honteux pour lui! Nous devons être reconnaissants à Dieu parce qu'il nous a choisis et nous pouvons devenir Ses enfants.

Le verset 27 dit, «Mais Dieu a choisi les choses folles du monde pour confondre les sages; Dieu a choisi les choses faibles du monde pour confondre les forte.» Si Dieu t'appelle et te choisis, tu es réellement béni. C'est un plus grand honneur d'être reconnu par Dieu et de devenir un diacre, une diaconesse ou un ancien et recevoir des tâches à l'église que d'être reconnu par les dirigeants des pays et nations.

Alors, pourquoi Dieu choisit-Il des choses folles et non pas les sages? Jésus a dit, *«Je vous le dis en vérité, si vous ne vous convertissez et si vous ne devenez comme les petits enfants, vous n'entrerez pas dans le royaume des cieux.»* (Matthieu 18:3)

Les enfants spirituels sont simples, purs et humbles. Ils acceptent simplement la Parole de vérité comme des enfants, la croient et lui obéissent. Ils peuvent ainsi changer et atteindre le royaume des cieux.

Mais ceux qui pensent qu'ils sont sages dans ce monde considéreront ceux qui ont des cœurs comme des enfants comme des fous. Mais Dieu choisit et fait confiance à ceux qui sont simples et qui ont de bons cœurs. Il choisit ceux qui sont pauvres de cœur.

Notre verset suivant dit, «Dieu a choisi les choses faibles du monde pour confondre les fortes.» Jésus est le Fils de Dieu, mais il est aussi très faible selon les standards humains. Si quelqu'un le frappait sur la joue droite, Il lui présenterait aussi l'autre. Il ne casserait même pas un roseau brisé. Quelle faible personne semblait-Il être!

Ce 'faible' Jésus a été crucifié, et ce 'faible' Jésus est ressuscité et a été élevé dans les cieux pour devenir le Roi des rois et le Seigneur des seigneurs! Par contraste, ceux qui ont été forts et qui ont persécuté Jésus sont partis sur le chemin de la destruction. Donc Dieu a donné la honte aux forts par les faibles.

Le verset 28 dit, «Dieu a choisi les choses viles du monde et celles qu'on méprise, celles qui ne sont point, pour réduire à néant celles qui sont,» Pierre l'un des disciples de Jésus était un pêcheur. En tant que métier ce n'était pas quelqu'un qui était tellement respecté. Mais Dieu a choisi ces personnes humbles pour rendre nuls et donner honte à ceux qui étaient élevés parmi les hommes.

Dans Actes 4:13-14, on dit plus sur le statut des disciples. *«Lorsqu'ils virent l'assurance de Pierre et de Jean, ils furent étonnés, sachant que c'étaient des hommes du peuple sans instruction; et ils les reconnurent pour avoir été avec Jésus. Mais comme ils voyaient là près d'eux l'homme qui avait été guéri, ils n'avaient rien à répliquer.»*

Les gens croyaient qu'ils étaient peu éduqués et insensés. Mais comme ils avaient accepté Jésus-Christ, reçu le Saint-Esprit et changé complètement, les gens étaient surpris. Actes 2:43-44 dit, *«La crainte s'emparait de chacun, et il se faisait beaucoup de prodiges et de miracles par les apôtres. Tous ceux qui croyaient étaient dans le même lieu, et ils avaient tout en commun.»*

Les disciples du Seigneur ont été appelés de pêcheurs et parmi les minorités qui étaient méprisées dans ce monde. Jésus a choisi ces gens et les a utilisés. Les gens mondains ont fini par avoir peur d'eux. À l'extérieur, ils reniaient les puissants signes et miracles manifestés par les disciples, mais ils avaient malgré tout une conscience qui restait dans leurs cœurs. Alors quand ils ont vu les choses manifestées qu'ils ne pouvaient pas faire, ils avaient peur.

Le verset 29 dit, «afin que nulle chair ne se glorifie devant Dieu.» Si Dieu appelle et utilise ceux qui ont beaucoup de sagesse, de prospérité, d'éducation, ou d'argent dans ce monde, auraient-ils de la révérence envers Dieu?

Les gens comme ceux-là, disent qu'ils ont du succès dans le monde parce qu'ils sont bien éduqués et intelligents, non parce que Dieu les a bénis. De même si ces gens dirigent une église et ont du succès, ils ont tendance à dire que c'est parce qu'ils sont bien éduqués et sages. Ils croient qu'ils sont excellents et capables dans ce qu'ils font. Ils ne donnent pas toute la gloire à Dieu.

C'est pourquoi Dieu choisit ceux qui sont insensés, faibles et méprisés de sorte qu'ils ne s'enorgueilliront ni ne s'élèveront pas. Nous connaissons la vérité et nous devons nous reposer sur Dieu et reconnaitre sa conduite en toutes choses. Nous serions capables de confesser en tout que ce n'est qu'en Lui que toutes choses sont possibles.

«Or, c'est par lui que vous êtes en Jésus-Christ, lequel, de par Dieu, a été fait pour nous sagesse, justice et sanctification et rédemption,» (1:30)

Tous les hommes et toutes les choses dans l'univers viennent de Dieu. Dieu a établi Adam comme seigneur de toute la création. Mais Adam a été maudit à cause de son péché et toutes les choses sur lesquelles il avait autorité ont été maudites. Toute l'autorité qu'il avait a été transmise au diable.

C'est pourquoi Luc 4 :5-6 dit, *«Le diable, l'ayant élevé, lui montra en un instant tous les royaumes de la terre, et lui dit: Je te donnerai toute cette puissance, et la gloire de ces royaumes; car elle m'a été donnée, et je la donne à qui je veux.»*

Le monde maudit ne ressemblait pas à ce qu'il était quand il venait d'être créé par Dieu. Dieu a envoyé Son Fils unique, Jésus sur cette terre pour sauver l'humanité maudite des mains de l'ennemi diable.

Dieu nous a témoigné d'un si grand amour ; le Jésus sans péchés est mort à la croix en prenant les péchés de tous les hommes, de sorte que quiconque croit en Lui puisse recevoir la vie éternelle et devenir enfant de Dieu. Comme nous devenons de nouveau des enfants de Dieu, nous sommes de Dieu et en Jésus-Christ.

Alors que signifie, «Jésus-Christ, lequel, de par Dieu, a été fait pour nous sagesse, justice et sanctification et rédemption?»

La sagesse c'est de craindre Dieu. La sagesse de Dieu nous sauve, nous conduit à chasser nos péchés, nous permet de vivre dans la vérité, et nous conduit vers le royaume éternel des cieux.

Avec cette sagesse, Jésus-Christ nous a donné la justice, la sanctification et la rédemption. Ici la justice, c'est la bonté, et cette bonté est la Parole de Dieu. Lorsque nous acceptons Jésus-

Christ, nous vivrons dans la bonté et la justice en suivant la parole.

Ce fruit de justice est vu dans la sanctification. Lorsque nous prenons la parole dans notre cœur en tant que pain spirituel, elle se montrera en action. C'est pourquoi 1 Jean 3:18 dit, *«Petits enfants, n'aimons pas en paroles et avec la langue, mais en actions et avec vérité.»*

Nous devenons unis en tant qu'un et rachetés dans le Seigneur qui est le chemin, la vérité et la vie. Nous ne devons pas être liés par le monde mais rachetés par Jésus-Christ.

«... afin, comme il est écrit, Que celui qui se glorifie se glorifie dans le Seigneur.» (1:31)

Pourquoi Dieu choisit-Il les choses insensées, les faibles et les méprisées dans le monde pour faire Son travail? C'est pour, «que celui qui se glorifie se glorifie dans le Seigneur.» De quoi pouvons-nous nous glorifier dans nos vies? Les incroyants peuvent se glorifier de beaucoup de choses, telles que l'argent, la réputation, la puissance sociale, la connaissance et la sagesse.

Ecclésiastes 1:2-3 dit, *«Vanité des vanités, dit l'Ecclésiaste, vanité des vanités, tout est vanité. Quel avantage revient-il à l'homme de toute la peine qu'il se donne sous le soleil?»* C'est pourquoi, il n'y rien d'autre que le Seigneur pour se glorifier. Tout en dehors du Seigneur est vain, parce que même les meilleures choses finiront par périr et nous conduiront seulement en Enfer.

Nous qui savons cela, devons seulement nous glorifier dans le Seigneur. Seul ce que nous faisons dans le Seigneur n'est pas vain. Que nous étudions, conduisions une affaire, mangions ou buvions, dans tout ce que nous faisons, nous devons essayer de donner gloire à Dieu en toutes choses dans la vérité. Vivre de cette manière est une vie vraiment bénie. Ce type de vie n'est pas en vain parce que Dieu en est satisfait, et cela nous donnera des récompenses éternelles.

Chapitre 2

LA SAGESSE DE DIEU

— La Manifestation de la Puissance

par l'Esprit

— Le chemin de la Croix, la sagesse de Dieu

— La Grâce de Dieu comprise au Travers

du Saint-Esprit

— Les Choses Spirituelles sont Discernées

par l'Esprit

La Manifestation de la Puissance par l'Esprit

« Pour moi, frères, lorsque je suis allé chez vous, ce n'est pas avec une supériorité de langage ou de sagesse que je suis allé vous annoncer le témoignage de Dieu. Car je n'ai pas eu la pensée de savoir parmi vous autre chose que Jésus-Christ, et Jésus-Christ crucifié. » (2:1-2)

L'apôtre Paul était un homme hautement éduqué avec une vaste connaissance. Mais il ne se reposait pas sur son éducation ni sa connaissance. Il ne se reposait pas sur une capacité d'élocution supérieure et sur sa sagesse lorsqu'il délivrait le message de Dieu. C'est cela la volonté de Dieu.

Nous ne pouvons pas sauver les âmes au moyen d'un discours éloquent, un argument persuasif, ou la sagesse des hommes. C'est pourquoi nous devons faire attention lorsque nous lisons des livres sur la foi. Nous ne devons pas accepter quelque chose simplement parce que c'est écrit dans un livre par une personne de renommée.

Si un auteur qui prie beaucoup et a une profonde communication avec Dieu écrit un livre, alors il est probable que le livre soit profitable. Mais même si l'auteur semble être bien éduqué et reconnu, s'il n'est pas un homme de jeûne et de prières et ne communique pas avec Dieu, il est plus que probable que ce livre ne sera pas très profitable. C'est parce que le livre n'a été écrit qu'avec la connaissance et la sagesse personnelles de l'auteur.

De quoi Paul a-t-il attesté? Il n'a témoigné que de Jésus-Christ et du fait qu'il avait été crucifié sur la croix. C'est ce qu'un serviteur de Dieu est supposé faire. Un serviteur doit témoigner de qui est Jésus-Christ, pourquoi Il a dû venir sur cette terre, pourquoi Il a été crucifié, et comment Il nous a racheté de nos péchés. Il doit aussi prêcher de Sa résurrection et de Sa Seconde Venue de sorte que les enfants de Dieu puissent posséder l'espérance du ciel tandis qu'ils vivent leurs vies sur la terre.

C'est pourquoi l'apôtre Paul dit qu'il est déterminé à ne rien savoir d'autre que ces choses. Dès le moment où il a rencontré le Seigneur, il a compris que toute sa connaissance n'était pas profitable mais que c'était un empêchement au salut des âmes.

Lorsque les hommes ont acquis beaucoup de connaissances et ont développé la science et la technologie, ils sont devenus arrogants et ils ont tendance à dire qu'il n'y a pas de Dieu. Ceux qui recherchent la connaissance de ce monde ne cherchent pas

Dieu. C'est pourquoi l'apôtre Paul dit qu'il était déterminé à ne rien savoir, 'si ce n'est Jésus-Christ et Lui crucifié'.

C'est pourquoi, ceux qui veulent devenir pasteurs ou travailler pour Dieu doivent lire la Bible plutôt que des livres écrits par des hommes qui écrivent avec leur propre sagesse et connaissance. Ils doivent aussi prier pour avoir une communication spirituelle avec Dieu et lutter pour recevoir la puissance de Dieu. C'est l'unique moyen de sauver des âmes et d'élargir le royaume des cieux.

Dans Ephésiens 5 :16, l'apôtre Paul les presse, «*... rachetez le temps, car les jours sont mauvais.*» Nous devons avoir la communication avec Dieu et sauver de nombreuses âmes qui meurent dans cette génération mauvaise. Nous devons témoigner du Dieu vivant et les conduire vers la foi. De plus, nous devons nous rappeler que ces choses ne sont pas faites par la connaissance de ce monde.

«Moi-même j'étais auprès de vous dans un état de faiblesse, de crainte, et de grand tremblement;» (2:3)

Avant qu'il ne rencontre le Seigneur, l'apôtre Paul n'avait aucune peur. Il se trouvait à la tête de ceux qui arrêtaient et persécutaient les croyants en Jésus-Christ. Mais dès qu'il a rencontré le Seigneur, il était avec le peuple dans sa faiblesse, dans sa crainte et dans son tremblement.

Qu'est-ce que cela signifie? Si nous croyons vraiment et connaissons Dieu, Ses ouvriers doivent montrer leur faiblesse devant Dieu et devant les autres croyants. Le seul qui est fort est Dieu et nous devons comprendre que nous ne pouvons rien faire à moins qu'Il ne soit avec nous.

Certains disent qu'ils peuvent bien parler à cause de leur connaissance, de leur éducation et de leur sagesse. Mais l'œuvre de Dieu ne peut être accomplie au travers de ces choses. Par exemple supposons qu'il y ait un très bon orateur qui a la connaissance et la capacité d'élocution nécessaires pour captiver l'audience. Si cette personne délivre le message de Dieu, peut-il faire changer les croyants et les faire vivre dans la vérité? La réponse est qu'il ne peut absolument pas!

Bien sûr, l'audience peut être touchée par le discours au moment même. Mais ce genre de discours n'a aucune puissance pour les toucher afin qu'ils se débarrassent de leurs natures pécheresses ou d'ôter le mal dans leurs cœurs. La connaissance et la capacité de parler d'une personne ne peut pas les conduire à vivre selon la Parole de Dieu. De bons discours ne peuvent pas implanter la foi dans les cœurs des gens. Ils ne peuvent pas les pousser à rencontrer Dieu ni à changer leurs vies. C'est pourquoi les choses qui composent ces discours ne sont pas profitables.

Si nous comprenons ce fait, nous ne pouvons qu'être humbles devant Dieu. Nous devenons faibles parce que nous ne pouvons rien faire à moins que Dieu soit avec nous.

Même Jésus était parfois faible, et Il n'a fait qu'éviter ces gens qui essayaient de le capturer et de le tuer. L'apôtre Paul était aussi faible et il tremblait devant Dieu, parce qu'il avait très bien compris qu'il ne pouvait rien faire à moins que Dieu ne soit avec lui.

Parce que l'apôtre Paul avait toujours cette crainte et ce tremblement, il n'a jamais arrêté de prier de manière à continuer sa communication spirituelle avec Dieu. Il était toujours en alerte, ne prêtant attention à rien d'autre. De la même manière nous devons accomplir nos tâches données par Dieu avec faiblesse, crainte et tremblement.

> «... et ma parole et ma prédication ne reposaient pas sur les discours persuasifs de la sagesse, mais sur une démonstration d'Esprit et de puissance, afin que votre foi fût fondée, non sur la sagesse des hommes, mais sur la puissance de Dieu.» (2:4-5)

Le Saint-Esprit ne peut commencer à travailler que lorsque nous nous détournons de notre connaissance et sagesse mondaines. Nous devons nous reposer entièrement sur Dieu et tout confier entre Ses mains. Alors Dieu peut contrôler nos cœurs, intelligence, pensées et lèvres. Si nous prions pour avoir la sagesse dans tout ce que nous faisons en n'utilisant pas les pensées humaines, alors, nous pouvons entendre la voix du Saint-Esprit qui vient du fond de notre cœur. Mais si nous utilisons nos propres pensées, nous ne pouvons pas entendre la voix du Saint-Esprit.

Certains disent qu'ils ne peuvent pas entendre la voix du Saint-Esprit malgré qu'ils prient. Mais ce n'est pas réellement vrai. Parfois ils n'ont simplement pas remarqué qu'ils avaient entendu la voix du Saint-Esprit. Supposons que vous voulez commencer quelque chose. Ici, si vous voulez décider en vous reposant sur vos propres pensées sans être capables de vous rappeler une parole de Dieu, vous ne pouvez pas entendre la voix du Saint-Esprit. Mais si vous décidez avec la parole de Dieu que c'est la vérité et que vous agissez selon cette vérité, c'est cela entendre la voix du Saint-Esprit.

Les paroles de Dieu ne proviennent pas de nos pensées. Malgré qu'ils lisent souvent la Bible, ceux qui ne reçoivent pas la puissance du Saint-Esprit ne sont pas capables de se souvenir de la parole de Dieu sous une variété de conditions et de situations problématiques. Je crois que certains d'entre vous ont expérimenté la situation suivante plusieurs fois. Vous avez lu plusieurs fois la Bible, mais quand vous voulez donner un conseil spirituel à quelqu'un, rien d'approprié ne vous vient à l'esprit.

Mais ceux qui entendent la voix du Saint-Esprit recevront Sa parole de sorte qu'ils puissent dire ce qui est nécessaire pour les personnes qu'ils conseillent. Ceux qui prient Dieu, ceux qui s'équipent de la parole de Dieu entendront tout le temps la voix du Saint-Esprit. C'est ainsi, qu'en suivant la volonté de Dieu, ils mèneront toujours une vie victorieuse et ne succomberont pas aux tentations de Satan.

Notre foi ne peut pas être acquise au travers de la sagesse des hommes. Nous ne pouvons pas avoir la foi et nous ne pouvons pas connaître Dieu par la sagesse humaine. C'est souvent le contraire. Plus quelqu'un possède la sagesse, plus il aura aussi de doutes.

Parce que l'apôtre Paul a clairement compris cela, il n'a pas utilisé sa sagesse, sa capacité à parler et sa connaissance personnelle. Il était rempli du Saint-Esprit. Il n'a prêché que Jésus-Christ et le chemin de la croix. Il a mis de côté toute sa connaissance et il a exercé son ministère avec la puissance de Dieu et le Saint-Esprit au moyen de la prière. C'est comme cela que d'étonnantes œuvres de guérisons ont eu lieu rien qu'en portant aux malades, des mouchoirs qui l'avaient touché. (Actes 19 :12).

Les œuvres de repentance auront lieu et les gens changeront uniquement quand les messages sont prêchés par la puissance de Dieu. Lorsque nous montrons la puissance de Dieu dans le message prêché, la connaissance de l'homme et ses pensées seront bloquées et l'auditeur peut reconnaître le Dieu vivant. C'est le moyen pour eux de gagner la foi, se repentir de leurs péchés et vivre dans la vérité. C'est pourquoi, quand nous prêchons l'évangile, nous devons témoigner du Dieu vivant en manifestant la puissance de Dieu au moyen de prières, et pas juste avec des paroles de sagesse.

Mais cela ne veut pas dire que nous n'avons pas besoin de connaissance du monde et que nous ne devons pas étudier. Ce que j'ai expliqué est que nous ne devons pas utiliser la connaissance mondaine lorsque nous accomplissons les œuvres qui concernent le salut des âmes. Nous devons généralement étudier sérieusement à l'école et nous appliquer dans nos lieux de travail pour édifier les autres et donner gloire à Dieu.

Que nous mangions, buvions ou dans tout ce que nous faisons, nous devons vivre pour la gloire de Dieu. C'est pareil pour les études. C'est simplement que nous ne pouvons implanter la foi dans les autres avec notre connaissance lorsque nous prêchons l'évangile.

Le chemin de la Croix, la sagesse de Dieu

«Cependant, c'est une sagesse que nous prêchons parmi les parfaits, sagesse qui n'est pas de ce siècle, ni des chefs de ce siècle, qui vont être anéantis;» (2:6)

Jusqu'à présent, l'apôtre Paul a expliqué que la sagesse de ce monde est inutile. Il a dit qu'il avait mis de côté la sagesse de l'homme, et il parle maintenant de la vraie sagesse. Ici, 'les parfaits' signifient ceux qui ont grandi dans la foi, qui se tiennent sur le rocher de la foi, et qui mangent de la nourriture solide.

Regardons la sagesse d'un peu plus près. Jacques 3:17 dit, *«La sagesse d'en haut est premièrement pure, ensuite pacifique, modérée, conciliante, pleine de miséricorde et de bons fruits, exempte de duplicité, d'hypocrisie.»*

Cette sagesse vient d'en haut. Elle est donnée par Dieu dans la mesure où nous chassons ce qui n'est pas bien selon la Parole de Dieu et vivons selon Sa parole. C'est-à-dire que si nous vivons selon la parole, nous serons purs, pacifiques, modérés, conciliants et pleins de miséricorde et de bons fruits. Nous serons inébranlables et sans hypocrisie. Nous pouvons recevoir la sagesse d'en haut dans la mesure où nous accomplissons la Parole de Dieu en nous. De plus, nous pouvons recevoir une sagesse illimitée et sans fin d'en haut si nous entrons dans les niveaux matures de la foi.

Ceux qui atteignent ce niveau de foi ne diront pas qu'ils ne peuvent pas prêcher l'évangile parce qu'ils n'ont pas assez d'éducation. Ils ne se reposent pas sur leurs propres connaissances mais sur la sagesse d'en haut. Concernant les gens qui ont atteint ce niveau de connaissance, Matthieu 10:19-20 dit, *«Mais, quand on vous livrera, ne vous inquiétez ni de la manière dont vous parlerez ni de ce que vous direz: ce que vous aurez à dire vous sera donné à l'heure même; car ce n'est pas vous qui parlerez, c'est l'Esprit de votre Père qui parlera en vous.»*

Pour recevoir la sagesse d'en haut, nous devons abandonner la sagesse et la connaissance mondaines. Que devons-nous spécifiquement abandonner? Devons-nous oublier la connaissance telle que «un plus deux égale trois»? Bien sûr que non!

Nous devons chasser la connaissance qui s'oppose à la parole de Dieu. Un tel exemple dit que les singes ont évolué pour devenir des êtres humains. Nous pouvons comprendre que de telles choses ne sont pas vraies lorsque nous comprenons réellement la vérité. Nous pouvons croire que Dieu a créé les cieux et la terre et tout ce qu'ils contiennent après nous être débarrassés d'une telle connaissance mondaine.

Le verset 6 dit, «sagesse qui n'est pas de ce siècle, ni des chefs de ce siècle, qui vont être anéantis.» Ici les chefs sont des ouvriers civils. Cela se réfère aux Pharisiens, aux scribes et aux sacrificateurs et à ceux qui étaient à des postes de direction.

Comme cela est appliqué dans notre usage actuel, le terme 'chef' se réfère aux éducateurs dans des positions de leadership, et ces choses au travers desquelles nous pouvons être enseignés. C'est ainsi que des enseignants ou des livres peuvent être nos chefs. Lorsque nous ne connaissions pas la vérité, nous gagnions toute espèce de connaissance et de sagesse. Mais nous devons en écarter la plupart lorsque nous apprenons la vérité.

Par exemple, si vous tombez malade, il est d'usage commun et de pratique pour les gens d'aller à l'hôpital et de recevoir un traitement médical approprié. Mais ces enfants de la foi qui croient dans la toute puissance de Dieu peuvent être complètement guéris par la prière. La guérison divine ne peut pas être comparée avec aucun traitement d'hôpital, parce qu'elle sera parfaite sans aucun effet secondaire.

Mais les chefs de ce monde ne croiront pas ce fait ; ils le qualifieront plutôt de folie. C'est la sagesse des chefs. Avec une telle sagesse, ils ne peuvent pas croire la vérité.

«...nous prêchons la sagesse de Dieu, mystérieuse et

cachée, que Dieu, avant les siècles, avait destinée pour notre gloire,» (2:7)

Dieu a créé les cieux et la terre pour gagner de vrais enfants et faire toutes les provisions pour la culture humaine. Dieu savait quand Adam allait désobéir et irait sur le chemin de la mort. En sachant cela, Dieu a caché Sa providence du salut qui devait venir par Jésus-Christ. C'est pourquoi Jésus-Christ est le secret caché avant le commencement des temps.

Lorsque Jésus-Christ est apparu aux gens, les chefs de ce monde ne le comprenaient pas avec leur sagesse. Ils ont crucifié Jésus. L'ennemi diable n'apporte que la sagesse et la connaissance mondaines aux hommes. Le diable ne comprenait pas la sagesse de Dieu et il a cru qu'il aurait l'autorité de diriger dans les airs éternellement, mais uniquement s'il tuait Jésus.

Depuis le temps de la naissance de Jésus, l'ennemi diable a essayé de tuer Jésus par tous les moyens possibles. Finalement, il a incité les chefs de ce temps à crucifier Jésus, et il a cru qu'il était victorieux. Mais cela était dans la sagesse de Dieu.

Une loi spirituelle dit que le salaire du péché c'est la mort. Avant qu'il ne mange le fruit défendu, Adam était sans péchés et il n'y avait pas de mort. Ce n'est qu'après sa désobéissance qu'Adam et ses descendants ont dû affronter la mort. Si quelqu'un commet des péchés, il fera sûrement face à la mort. Mais le diable a tué le Jésus sans péchés qui n'avait ni le péché originel, ni des péchés commis par Lui-même.

Donc, quand le diable a incité les gens à tuer Jésus, c'était en violation de la loi du monde spirituel.

Originellement, Adam avait l'autorité de diriger et de soumettre toutes les choses sur la terre. Mais quand il a péché, son autorité a été transférée au diable parce qu'Adam lui avait obéi en commettant un péché. Mais en tant que conséquence pour le diable qui a tué le Jésus sans péché, il a dû rendre son autorité sur les nations. À partir de ce moment, quiconque croit en Jésus-Christ peut être sauvé. C'est le 'chemin de la croix' qui était caché avant le commencement des temps. C'était le plan de Dieu pour sauver les pécheurs. Combien étonnante est la sagesse de Dieu!

Dieu nous donne la sagesse d'en haut lorsque nous chassons la sagesse du diable qui est la sagesse et la connaissance des chefs de cet âge. Si nous avions reçu la sagesse d'en haut, nous pouvons jouir d'une gloire illimitée sur la terre.

Alors, pourquoi dit-il que nous allons recevoir la gloire alors que c'est Dieu qui est supposé recevoir toute la gloire? Nous donnons gloire à Dieu le Père en toutes choses, que nous mangions, buvions ou dans tout ce que nous faisons. Et alors, il nous rend une bonne mesure serrée, secouée et qui déborde après qu'Il ait reçu la gloire parce qu'Il aime donner.

Il nous donne aussi des récompenses au ciel. Donc, si nous donnons gloire à Dieu, c'est en fait nous donner aussi gloire à nous-mêmes. Dieu nous conduit au salut et de la mort à la vie éternelle, et cela est donc notre gloire.

Jésus a aussi toujours donné gloire à Dieu le Père. Mais Jean 17:10 dit, *«J'ai été glorifié en eux.»* Parce que Jésus a reçu la récompense d'être assis à la main droite du trône de Dieu et l'autorité de diriger toutes les nations. Il est glorifié.

«sagesse qu'aucun des chefs de ce siècle n'a connue, car, s'ils l'eussent connue, ils n'auraient pas crucifié le Seigneur de gloire. Mais, comme il est écrit, ce sont des choses que l'oeil n'a point vues, que l'oreille n'a point entendues, et qui ne sont point montées au coeur de l'homme, des choses que Dieu a préparées pour ceux qui l'aiment.» (2:8-9)

Certains chefs de cet âge croyaient aussi en Dieu, mais il est écrit, «sagesse qu'aucun des chefs de ce siècle n'a connue.» Cela signifie si nous enseignons et utilisons la sagesse mondaine, nous ne pouvons pas comprendre Jésus-Christ. S'ils avaient connu la sagesse de Dieu, ils n'auraient pas crucifié Jésus.

Ces enseignants ne renoncent pas à leur sagesse mondaine et c'est pourquoi ils ne peuvent pas recevoir la sagesse d'en haut. C'est pourquoi ils ne connaissaient pas Jésus-Christ, le secret caché dès avant le commencement des temps, mais au contraire, ils l'ont crucifié.

Le verset 9 dit, «ce sont des choses que l'oeil n'a point vues, que l'oreille n'a point entendues, et qui ne sont point montées au coeur de l'homme, des choses que Dieu a préparées pour ceux qui l'aiment.» Ceux qui enseignent la connaissance de ce monde qui est contraire à la parole de Dieu et qui ne pratiquent pas la Parole de Dieu ne peuvent ni voir, ni entendre malgré qu'ils aient des yeux et des oreilles. Ils ne peuvent pas entendre la voix du Saint-Esprit et ils persécutent ceux qui leur prêchent la Parole de vérité. Le résultat est qu'à la fin, ils crucifient Jésus.

Alors, comment se fait-il qu'ils ne peuvent pas voir, entendre ou penser? C'est parce qu'ils sont devenus spirituellement aveuglés à cause de leur connaissance mondaine qui est opposée à la vérité. C'est pourquoi, l'apôtre Paul leur a conseillé de chasser la connaissance mondaine qui était opposée à la Parole de vérité et de recevoir la sagesse de Dieu de manière à mener une vie bénie.

La Grâce de Dieu comprise au Travers du Saint-Esprit

« Dieu nous les a révélées par l'Esprit. Car l'Esprit sonde tout, même les profondeurs de Dieu. » (2:10)

Nous ne pouvons ni rencontrer ni comprendre Dieu avec la connaissance et la sagesse de ce monde. Mais si nous ouvrons nos cœurs et recevons Jésus-Christ, nous recevrons le don du Saint-Esprit et alors nous pouvons connaître et rencontrer Dieu. Le Saint-Esprit est l'Esprit de Dieu, c'est-à-dire le cœur de Dieu. Alors comment le Saint-Esprit peut-Il nous conduire à connaître et à rencontrer Dieu?

Le Saint-Esprit nous enseigne que Dieu est le Créateur ou notre Père. Il nous fait connaître le secret qui avait été caché dès avant le commencement des temps. C'est le secret que les chefs de ce monde ne comprennent pas. Il nous enseigne sur Jésus-Christ et nous conduit à posséder la foi en nous enseignant sur le Ciel et l'Enfer. Le Saint-Esprit est le cœur du Dieu saint et il est naturel qu'Il soit capable de sonder même les profondeurs de Dieu.

Lorsque le Saint-Esprit vient à nous, Il ranime notre esprit mort et nous conduit vers la vérité. De plus, il nous permet de confesser que Jésus-Christ est notre Seigneur. Il témoigne aussi de ce que nous appartenons à Dieu.

De plus, le Saint-Esprit nous apprend et nous rappelle toutes les choses que Jésus nous a enseignées. Comme le dit Jean 14:26, *«Mais le consolateur, l'Esprit-Saint, que le Père enverra en mon nom, vous enseignera toutes choses, et vous rappellera tout ce que je vous ai dit.»* Il nous aide aussi dans nos faiblesses et nous permet de prier selon la volonté de Dieu.

Le Saint-Esprit connait complètement le cœur de Dieu et Il veut que la volonté de Dieu soit accomplie. Il aide donc les enfants de Dieu à prier selon la volonté de Dieu. De plus, comme il est écrit dans Galates 5:22-23, *«Mais le fruit de l'Esprit, c'est l'amour, la joie, la paix, la patience, la bonté, la bénignité, la fidélité, la douceur, la tempérance; la loi n'est pas contre ces choses,»* au travers de Lui, nous pouvons porter le fruit de l'Esprit. Il nous guide à devenir des gens spirituels qui pratiquent la volonté de Dieu.

«Lequel des hommes, en effet, connaît les choses de l'homme, si ce n'est l'esprit de l'homme qui est en lui? De même, personne ne connaît les choses de Dieu, si ce n'est l'Esprit de Dieu.» (2:11)

L'apôtre Paul mentionne l'esprit de l'homme pour expliquer au sujet du Saint-Esprit. Personne ne connait les pensées de l'homme si ce n'est l'esprit de l'homme qui est en lui. De la même manière, le Saint-Esprit connait les choses profondes de Dieu. Quand ce Saint-Esprit vient vers nous, nous connaîtrons aussi les choses de Dieu et nous recevrons donc aussi la sagesse de Dieu et comprendrons les choses profondes de Dieu.

Mais ici, Paul a pu dire que c'est le cœur de la conscience de l'homme qui connait les pensées de l'homme, mais pourquoi a-t-il dit que c'est l'esprit de l'homme qui est en lui? Il y a ici une signification spirituelle profonde.

Lorsque nous acceptons Jésus-Christ et recevons le don du Saint-Esprit et vivons en tant qu'enfants de Dieu, notre cœur est 'esprit' lui-même. Mais nous devrions comprendre et distinguer qu'il y a un cœur et un esprit dans l'homme.

Dans Genèse, après qu'Il ait créé le premier homme Adam, Dieu lui a dit, *«mais tu ne mangeras pas de l'arbre de la connaissance du bien et du mal, car au jour où tu en mangeras, tu mourras certainement.»* (Genèse 2:17). Alors le Seigneur a dit, *«Il n'est pas bon que l'homme soit seul; je lui ferai une aide semblable à lui.»* (V. 18) et il a pris une côte d'Adam et de cette côte il a fait une femme pour qu'ils deviennent une seule chair.

Dieu a placé Adam comme régisseur de toutes choses et a béni l'homme quand il a dit, *«Soyez féconds, multipliez, remplissez la terre, et l'assujettissez; et dominez sur les poissons de la mer, sur les oiseaux du ciel, et sur tout animal qui se meut sur la terre.»* (Genèse 1:28)

Un jour, Satan a tenté Eve au travers du serpent, *«Dieu a-t-il réellement dit: Vous ne mangerez pas de tous les arbres du jardin?»* (Genèse 3:1)

Eve a répondu, *«Mais quant au fruit de l'arbre qui est au milieu du jardin, Dieu a dit: Vous n'en mangerez point et vous n'y toucherez point, de peur que vous ne mouriez.»* (V3). Dieu a dit, «Tu mourras certainement», mais Eve a dit, «de peur que vous ne mourriez» en étant moins persuadée.

Alors Satan a tenté Eve plus progressivement en disant, *«Vous ne mourrez point; mais Dieu sait que, le jour où vous en mangerez, vos yeux s'ouvriront, et que vous serez comme des dieux, connaissant le bien et le mal.»* (V.3-4). Eve a finalement mangé le fruit et l'a donné à Adam et il en a aussi mangé. Ils ont été trompés et ont désobéi à Dieu parce qu'ils n'ont pas gardé Sa parole.

Comme Dieu avait dit, «Tu mourras certainement», lorsqu'Adam a mangé le fruit défendu dans le Jardin d'Eden, son esprit est mort. À partir de ce moment, il ne pouvait plus communiquer avec Dieu. Mais Jean 3:6 dit, *«Ce qui est né de la chair est chair, et ce qui est né de l'Esprit est esprit.»* Comme il est écrit, lorsque nous acceptons le Seigneur, le Saint-Esprit vient en nous et donne vie à notre esprit. C'est-à-dire qu'il nous fait réaliser ce qu'est le péché, ce qu'est la justice et ce qu'est le jugement. Il nous enseigne la Parole de Dieu de sorte que notre esprit mort soit ranimé et que nous devenions davantage une personne spirituelle. La référence est 'l'Esprit qui donne naissance à l'esprit'.

C'est pourquoi, sans le Saint-Esprit, notre esprit mort ne peut être ranimé et nous ne pouvons pas donner naissance à notre esprit. Nous pouvons comprendre la Parole de vérité, en faire notre pain spirituel, et vivre une vie d'un homme spirituel pour devenir une personne entièrement spirituelle. Cela ne se fait qu'au travers du Saint-Esprit. Nous accomplissons l'image du Seigneur au travers de ce processus.

Les prophètes et les disciples de Jésus sont tous devenus des hommes spirituels de cette manière et ont communiqué avec Dieu de sorte qu'ils ont pu manifester les puissantes œuvres de Dieu en accomplissant Son royaume. Jean 14:12 dit, *«En vérité, en vérité, je vous le dis, celui qui croit en moi fera aussi les oeuvres que je fais, et il en fera de plus grandes, parce que je m'en vais au Père.»* Si nous devenons des hommes spirituels nous serons capables de manifester les signes et les miracles et ferons même de plus grandes choses que cela pour la gloire de Dieu.

Avant qu'Adam ne mange de l'arbre de la connaissance du bien et du mal, il n'y avait aucun besoin de discerner entre le cœur et l'esprit. Son esprit était dans son cœur lui-même. Mais étant donné qu'il avait péché et que son esprit était mort, les contrevérités sont entrées dans le cœur de l'homme. C'est depuis ce moment que le cœur de l'homme a été divisé en cœur de vérité et cœur de contrevérité. Nous avons ces deux types de cœur. Une part veut suivre les désirs du Saint-Esprit et l'autre partie les désirs de la chair.

En d'autres termes, nous avons le désir de chercher la vérité, la bonté et l'esprit et un autre désir de chercher la contrevérité, le mal et la chair. Plus nous devenons spirituels, plus nous pouvons contrôler les désirs de la chair, et suivre les désirs du Saint-Esprit. Si nous contrôlons complètement les désirs de la chair nous ne trouverons pas difficile de mener une vie en Christ mais nous serons remplis de joie et de bonheur en elle.

Mais si nous avons un plus fort désir de suivre la chair, nous aurons tendance à perdre nos combats spirituels. Si nos cœurs sont divisés exactement en deux moitiés ayant une moitié qui est le cœur de vérité et une autre le cœur de contrevérité, alors, mener une vie en Christ est difficile parce qu'il y a toujours des combats acharnés. Mais si nous avons un plus fort désir de suivre le Saint-Esprit, alors, nous aurons toujours tendance à mener une vie de victoire. Si nous 'donnons continuellement naissance à l'esprit' au travers de l'Esprit de cette manière, nous serons capables de nous débarrasser des choses mensongères dans le cœur et nos cœurs seront complètement remplis de vérité. Alors notre esprit et notre cœur sont un.

Seul l'esprit dans un homme connait toutes les pensées de l'homme. Vous pourriez croire que vous connaissez très bien votre cœur, mais ce n'est pas vrai. Par exemple, de nombreuses personnes prennent des résolutions lors du Nouvel An. Certains se décident de vivre selon la Parole de Dieu et d'autres veulent essayer plus fort d'étendre leurs affaires.

Certains étudiants peuvent décider d'étudier très sérieusement et d'obtenir de bons résultats. Si ces gens gardent leurs résolutions pour simplement la moitié de l'année, c'est quelque chose d'excellent et d'extraordinaire. Cela signifie qu'ils ne connaissent même pas leurs cœurs. Supposons que vous priez Dieu pour des problèmes financiers. Vous pourriez dire, «Dieu, si Tu me bénis financièrement, j'aiderai les nécessiteux et le dépenserai pour ta gloire! Tu connais mon cœur et je Te prie de me bénir!» Mais dans de nombreux cas, ils ne reçoivent pas de réponse à leurs prières.

Dieu veut donner à Ses enfants quand ils demandent, alors pourquoi ne le fait-Il pas? C'est parce qu'Il connait leurs cœurs.

Ils peuvent penser qu'ils aideront les pauvres étant donné qu'ils ont aussi souffert de pauvreté, mais seul Dieu connait leur cœur intérieur. Dieu ne peut pas les bénir s'Il pense, «Non, si Je te donne des bénédictions financières, tu te sépareras de Moi. Tu aimeras l'argent plus que Moi, tu ne prieras pas, et tu tomberas graduellement dans le monde.»

En fait, il y a peu de gens qui arrêtent de prier et qui tombent dans le monde une fois qu'ils ont reçu une bénédiction financière. Quand ils sont dans le besoin, ils travaillent fidèlement pour le royaume de Dieu, mais une fois qu'ils reçoivent des bénédictions, ils se mettent à distance de Dieu.

Ils donnent des excuses qu'ils sont occupés ou n'ont pas de temps. Dans ces cas, vous voyez qu'ils seront plus bénis qu'ils ne reçoivent pas de bénédictions financières de sorte qu'ils ne quitteront pas Dieu.

C'est de cette manière que nous ne connaissons pas nos cœurs, mais l'esprit en nous le fait. Ceux qui s'arment eux-mêmes de la Parole de Dieu et vivent complètement dans la vérité connaissent leurs cœurs. Ils savent si oui ou non ils sont rusés ou s'ils seront capables de tenir leurs promesses. Leur esprit leur fait connaitre ces choses, et ils ne commettront pas d'erreurs devant Dieu.

Par exemple, ils ne prieront pas simplement, «Dieu, je le ferai!» Ils diront quelque chose comme, «Dieu je veux le faire, ainsi donne-moi Ta force et aide-moi!» Dieu nous enseigne de ne pas jurer par n'importe quoi (Matthieu 5:34). Si nous faisons un vœu, Satan peut essayer de nous perturber de sorte que nous ne soyons pas capables de l'accomplir. C'est pourquoi nous prions, «Dieu aide-moi et donne-moi la force de le faire.»

Mais si votre esprit reconnait que vous pouvez sûrement faire quelque chose, vous serez capables de dire dans votre prière, «Dieu, je vais le faire, je Te prie de m'aider,» et vous le ferez sûrement. Parce que vous avez fait une promesse devant Dieu et avec vous-mêmes, vous l'accomplirez sûrement. L'esprit de vérité en nous connait nos pensées cachées, et il peut prier précisément en fonction de notre situation.

Mais si nous ne sommes pas encore des hommes spirituels, nous ne sommes pas réellement capables d'entendre la voix du Saint-Esprit. Nous ne pourrons que vérifier nos cœurs, et nous ne pouvons pas vraiment comprendre les choses profondes. C'est la raison, pour laquelle nous ne pouvons pas anticiper le lendemain.

Il y a une chose dont nous devons nous souvenir. Il est écrit, « Lequel des hommes, en effet, connaît les choses de l'homme, si ce n'est l'esprit de l'homme qui est en lui. » Si vous devenez un homme de vérité vous serez même capables d'éviter des choses dangereuses, parce que le Saint-Esprit vous mettra au courant de ces choses au travers d'un rêve, l'inspiration, la voix dans le cœur ou pendant vos prières. Le Saint-Esprit cherche même les profondeurs de Dieu, et il nous Le fera connaître. Dans la mesure où nous devenons des hommes spirituels, nous entendrons plus clairement cette voix du Saint-Esprit.

C'est pourquoi, si vous comprenez clairement la Parole spirituelle de Dieu et réalisez la vérité, c'est une chose tout à fait naturelle pour vous que de communiquer avec Dieu. Vous serez capables d'agir de manière appropriée en toutes choses si vous devenez des hommes spirituels. Le Saint-Esprit est en nous et si nous écoutons Sa voix, nous pouvons comprendre le cœur et la volonté de Dieu et Lui être agréables.

« Or nous, nous n'avons pas reçu l'esprit du monde, mais l'Esprit qui vient de Dieu, afin que nous

connaissions les choses que Dieu nous a données par sa grâce.» (2:12)

Ceux qui ont accepté Jésus-Christ et reçu le Saint-Esprit ont reçu le don du Saint-Esprit de Dieu, pas l'esprit du monde. Alors, qu'est-ce que l'esprit du monde? C'est l'esprit du diable, l'esprit de tromperie, et l'esprit de fausseté.

Même parmi les croyants en Dieu, nous pouvons en voir certains qui ont reçu l'esprit de tromperie et de fausseté. Par exemple, il y a des gens qui disent qu'ils ne peuvent croire dans les signes et les miracles relatés dans la Bible.

La Bible relate le récit de nombreux signes et prodiges. Ils ont lieu parce que Dieu crée quelque chose au départ de rien. Ce n'est donc pas juste de ne pas croire en Dieu à cause de nos propres pensées et théories. Ces gens peuvent dire qu'ils croient, mais ils n'ont pas vraiment donné naissance à l'esprit par l'Esprit. Ils ne sont pas enfants de Dieu.

Que dit la Bible concernant l'esprit du monde?

1 Timothée 4:1 dit, *«Mais l'Esprit dit expressément que, dans les derniers temps, quelques-uns abandonneront la foi, pour s'attacher à des esprits séducteurs et à des doctrines de démons,»* Nous ne serons pas trompés si nous nous tenons fermes sur le rocher de la foi. Ceux qui abandonnent leur foi suivront les esprits séducteurs et les doctrines de démons.

Par exemple, quand la Bible nous dit de nous écrier dans

la prière, nous devrions obéir à cela dans nos prières. Mais certaines personnes essaient d'empêcher les autres de crier en disant que Dieu n'est pas sourd. La Parole de Dieu nous dit aussi d'essayer de nous réunir en tout temps, mais certains ne veulent pas se réunir en disant qu'ils sont occupés. Ces choses sont les enseignements des esprits séducteurs.

1 Jean 4:3 dit, *«et tout esprit qui ne confesse pas Jésus n'est pas de Dieu, c'est celui de l'antéchrist, dont vous avez appris la venue, et qui maintenant est déjà dans le monde.»* Le verset 6 dit, «Nous, nous sommes de Dieu; celui qui connaît Dieu nous écoute; celui qui n'est pas de Dieu ne nous écoute pas: c'est par là que nous connaissons l'esprit de la vérité et l'esprit de l'erreur.»

Dans Apocalypse 16:13, il est écrit, *«Et je vis sortir de la bouche du dragon, et de la bouche de la bête, et de la bouche du faux prophète, trois esprits impurs, semblables à des grenouilles.»* Cela parle des esprits impurs. Apocalypse 16:14 continue, *«Car ce sont des esprits de démons, qui font des prodiges, et qui vont vers les rois de toute la terre, afin de les rassembler pour le combat du grand jour du Dieu tout-puissant.»* Cela parle des esprits des démons.

Apocalypse 18:2 dit, *«Il cria d'une voix forte, disant: Elle est tombée, elle est tombée, Babylone la grande! Elle est devenue une habitation de démons, un repaire de tout esprit impur, un repaire de tout oiseau impur et odieux.»*

Si quelqu'un reçoit l'esprit du monde comme ci-dessus, il

s'éloignera de la vérité et suivra le monde. Pour lui, suivre la parole de Dieu semble étrange. Pour lui c'est quelque chose de normal parce qu'il reçoit les œuvres de démons ou d'esprits séducteurs.

Mais les vrais enfants de Dieu ne reçoivent pas l'esprit du monde mais uniquement l'esprit de Dieu, le Saint-Esprit. 1 Corinthiens 2:12 explique la raison de nous donner le Saint-Esprit. Il est écrit, *«Or nous, nous n'avons pas reçu l'esprit du monde, mais l'Esprit qui vient de Dieu, afin que nous connaissions les choses que Dieu nous a données par sa grâce.»*

Si nous sommes payés pour notre travail, ce n'est pas la grâce. Nous sommes simplement payés pour ce que nous avons fait. Mais si nous recevons quelque chose sans faire aucun travail, c'est une grâce.

Nous ne sommes pas sauvés parce que nous avons fait quelque chose ou parce que nous avons vécu une juste vie. Matthieu 9:13 dit, *«Il n'est pas venu pour sauver les justes, mais les pécheurs.»* Jésus est venu pour appeler les pécheurs. Nous pouvons maintenant chasser les péchés et mener une vie juste parce que Jésus nous a appelés, nous qui étions pécheurs. Nos péchés sont pardonnés en Jésus-Christ et nous pouvons vaincre le monde par la force de Dieu.

Les Choses Spirituelles sont Discernées par l'Esprit

«Et nous en parlons, non avec des discours qu'enseigne la sagesse humaine, mais avec ceux qu'enseigne l'Esprit, employant un langage spirituel pour les choses spirituelles.» (2:13)

L'apôtre Paul n'a pas prêché l'évangile avec la sagesse des paroles d'enseignement du monde. Il ne s'est référé à aucun livre ou autre étude mais il a uniquement enseigné ce que le Saint-Esprit lui avait dit d'enseigner.

Il y a de nombreuses personnes qui ont beaucoup de sagesse et de connaissance du monde. Mais posséder une connaissance croissante du monde ne permet pas à une personne de mieux faire l'œuvre de Dieu. Par exemple, même le PDG d'une grande entreprise ne pourrait pas accomplir une petite tâche dans l'église.

C'est pourquoi 1 Corinthiens 2:4 dit, *«ma parole et ma*

prédication ne reposaient pas sur les discours persuasifs de la sagesse, mais sur une démonstration d'Esprit et de puissance.» Les œuvres de Dieu ne peuvent pas être accomplies par la connaissance ou la sagesse humaines. Elles ne peuvent être accomplies que par une démonstration de la puissance de l'Esprit.

C'est pareil pour le réveil des églises. Certaines personnes de renommée qui étaient précédemment des présidents ou des professeurs d'université et des dirigeants de la société sont devenues des pasteurs.

Nous pourrions penser qu'ils devraient être capables d'amener un grand réveil à l'église parce qu'ils possèdent une si grande connaissance et sagesse. Mais cela ne se passe pas ainsi. Les œuvres de Dieu ne peuvent être accomplies par la sagesse et la connaissance des hommes. Nous devons accomplir les œuvres de Dieu uniquement selon les enseignements du Saint-Esprit. Qu'enseigne-t-il? Regardons dans la Bible comment Il travaille pour ranimer les esprits morts et conduire ces esprits morts vers la vérité.

Jean 14:26 dit, *«Mais le consolateur, l'Esprit-Saint, que le Père enverra en mon nom, vous enseignera toutes choses, et vous rappellera tout ce que je vous ai dit.»* Nous devons recevoir ces enseignements et la conduite du Saint-Esprit.

Luc 12:11-12 dit, *«Quand on vous mènera devant les synagogues, les magistrats et les autorités, ne vous inquiétez pas de la manière dont vous vous défendrez ni de ce que vous direz; car le Saint-Esprit vous enseignera à l'heure même ce qu'il faudra dire.»* Il n'y aura donc aucune erreur si nous entendons la voix du Saint-Esprit et suivons Sa conduite.

Dans tout ce que nous faisons, si le Saint-Esprit ne travaille pas, nous n'aurons que des pensées humaines et nous ne pouvons donc pas expérimenter la puissance de Dieu. Pour cela, nous devons travailler au travers des manifestations de la puissance de l'Esprit, et pas avec la sagesse et la connaissance des hommes.

Les Choses de la Chair et les Œuvres de la Chair

Le verset 13 conclut avec ces paroles, «...employant un langage spirituel pour les choses spirituelles.» Que sont les choses spirituelles? S'il existe des choses spirituelles, il doit y avoir des choses qui ne sont pas spirituelles. Regardons d'abord aux choses qui ne sont pas spirituelles. Elles se réfèrent aux choses de la chair et aux œuvres de la chair.

Les choses de la chair se réfèrent aux attributs pécheurs qui peuvent être excités pour devenir des actes de péché, tels que l'envie, la jalousie ou la haine.

La 'chair' dans la Bible est le terme générique pour 'les actes pécheurs et les natures pécheresses'. Les 'œuvres de la chair' se réfèrent aux actes de péché qui en résultent. Si nous avons le désir de frapper quelqu'un, c'est une chose de la chair, et si nous le frappons vraiment, alors c'est une 'œuvre de la chair'.

Romains 13:14 dit, *«Mais revêtez-vous du Seigneur Jésus-Christ, et n'ayez pas soin de la chair pour en satisfaire les convoitises.»* Galates 5:19-21 parle des œuvres de la chair qui sont opposées aux choses spirituelles. Il est dit, *«Or, les oeuvres de la chair sont manifestes, ce sont l'impudicité, l'impureté, la dissolution, l'idolâtrie, la magie, les inimitiés, les querelles, les jalousies, les animosités, les disputes, les divisions, les sectes, l'envie, l'ivrognerie, les excès de table, et les choses semblables. Je vous dis d'avance, comme je l'ai déjà dit, que ceux qui commettent de telles choses n'hériteront point le royaume de Dieu.»*

Ces œuvres de la chair sont nuisibles à nous-mêmes et elles causent aussi de la douleur aux autres. Elles nous empêchent d'hériter du royaume de Dieu et de recevoir les réponses de Dieu.

Donc, les 'choses spirituelles' signifie se détourner de et se débarrasser des choses de la chair et des oeuvres de la chair. Une fois que nous arrivons à ce niveau, nous aurons une communication avec Dieu, recevrons les réponses à tout ce que nous demandons et Le glorifierons.

Les enfants de Dieu sont dans le processus de devenir des hommes spirituels, et la plupart des croyants ne sont pas vraiment des hommes spirituels accomplis qui peuvent être reconnus par Dieu. Chaque individu a une mesure de foi différente et nous ne pouvons discerner correctement les choses spirituelles que lorsque nous entrons dans les niveaux spirituels.

«Mais l'homme animal ne reçoit pas les choses de l'Esprit de Dieu, car elles sont une folie pour lui, et il ne peut les connaître, parce que c'est spirituellement qu'on en juge.» (2:14)

Ici, 'un homme animal' se réfère à une personne qui ne garde pas la Parole de Dieu et n'est pas encore entrée dans la vérité, c'est-à-dire, celui qui aime le monde et a toujours des désirs mondains en lui.

De telles personnes ne peuvent pas entendre la voix du Saint-Esprit et ne peuvent être conduites par Lui. Le Saint-Esprit nous enseigne toujours et nous guide, mais si les oreilles spirituelles sont fermées à l'écoute de Sa voix, les choses spirituelles ne peuvent pas être discernées. L'homme animal pense que les hommes spirituels sont plutôt terriblement ennuyeux.

Même si nous ne recevons pas de bénédictions dans notre travail ou nos affaires, vivre dans la Parole de Dieu est une bénédiction. Les gens mondains ont tendance à dire que s'il quelqu'un est prospère, il est béni, mais la Bible dit que la bénédiction de Dieu n'est pas uniquement une bénédiction financière.

Le Psaume 1:1-2 dit, *«Heureux l'homme qui ne marche pas selon le conseil des méchants, Qui ne s'arrête pas sur la voie des pécheurs, Et qui ne s'assied pas en compagnie des moqueurs, Mais qui trouve son plaisir dans la loi de l'Éternel, Et qui la médite jour et nuit!»*

Comme nous pouvons l'apprendre au départ de la parabole de l'homme riche et du mendiant Lazare, la prospérité sur la terre n'est pas une vraie bénédiction. Lazare a été béni parce qu'il a servi Dieu et a reçu le salut. Cette vie terrestre n'est que pour un moment, mais le royaume des cieux est éternel. Ceux qui peuvent accepter cette parole avec joie peuvent entrer dans le niveau spirituel.

Seuls ceux qui reçoivent les œuvres de l'Esprit de Dieu peuvent comprendre ceci. De cette manière, ils peuvent s'abstenir de tomber dans les œuvres de la chair et de vivre dans la vérité. Comme dit dans ce passage, 1 Corinthiens 2:14, nous ne pouvons discerner ces choses que par l'esprit.

'Comparer' signifie discerner entre deux choses. La vérité nous dit ce qui est juste, mais ceux qui ont les œuvres de la chair ne sont pas capables de discerner correctement les deux choses. Ils croient que leurs propres idées sont correctes. Mais ils ne peuvent discerner ce qui est réellement correct que quand ils entrent dans la dimension spirituelle.

«L'homme spirituel, au contraire, juge de tout, et il n'est lui-même jugé par personne.» (2:15)

De nombreuses parties de la Bible nous disent de ne pas juger les autres. Alors, que signifie ce verset? 'Celui qui est spirituel' est quelqu'un qui vit complètement dans la Parole de vérité de Dieu, il en comprend la signification et peut juger tout le monde.

Que signifie ici 'Juger'? Un homme spirituel ne haïra ni ne deviendra envieux de personne, il ne deviendra pas non plus arrogant pour juger les autres. Son jugement sera un jugement d'amour.

Matthieu 7:3-5 dit, «*Pourquoi vois-tu la paille qui est dans l'oeil de ton frère, et n'aperçois-tu pas la poutre qui est dans ton oeil? Ou comment peux-tu dire à ton frère: Laisse-moi ôter une paille de ton oeil, toi qui as une poutre dans le tien? Hypocrite, ôte premièrement la poutre de ton oeil, et alors tu verras comment ôter la paille de l'oeil de ton frère.*»

Cela nous dit que si nous retirons la poutre de notre œil, nous pouvons clairement voir les autres. Retirer la poutre de notre œil signifie chasser toutes les choses charnelles de nous. Ceux qui vivent dans la vérité aiment naturellement Dieu et leurs frères. Ils n'ont aucune envie, jalousie ni arrogance. Ils ne regardent les frères qu'avec amour et uniquement ces gens peuvent clairement voir la paille de leurs frères. 'Celui qui est spirituel' dans ce passage se réfère à de tels hommes spirituels.

Alors, qui peut juger un homme spirituel?

Les gens mondains jugent facilement les autres. Ils ne savent pas ce que sont les choses spirituelles, et ils pensent seulement qu'ils ont raison. Ils considèrent donc les gens spirituels comme étant insensés et ils les jugent. Les Pharisiens, les scribes et les incroyants jugeaient et condamnaient Jésus. Mais en fait, ceux qui ne connaissent pas les choses spirituelles ne peuvent pas juger ceux qui sont spirituels.

C'est comme un étudiant du primaire qui ne peut pas juger les capacités en mathématiques d'un étudiant d'université. Ce n'est que lorsque l'enfant va à l'université et qu'il passe le point de connaissance de l'étudiant d'université qu'il peut juger si oui ou non ce collègue étudiant est bon en maths. Donc, les hommes spirituels peuvent juger tout le monde, mais ceux qui ne sont pas spirituels ne peuvent pas juger les hommes spirituels.

> « Car Qui a connu la pensée du Seigneur, Pour l'instruire? Or nous, nous avons la pensée de Christ.» (2:16)

Pouvez-vous enseigneur quelqu'un qui est plus spirituel que vous? Je demande si oui ou non, vous pouvez enseigner quelqu'un qui entend la voix du Saint-Esprit mieux que vous. Si vous le faites, cela signifie que vous voulez enseigner Dieu lui-même. Si vous essayez d'enseigner quelqu'un qui entend clairement la voix du Saint-Esprit, cela implique que vous vous placez au-dessus de Dieu.

C'est pourquoi, nous devons strictement maintenir l'ordre de l'église. Satan commence à travailler quand l'ordre est brisé. C'est pourquoi Paul a dit, «Car Qui a connu la pensée du Seigneur, Pour l'instruire?» En entendant cela, les croyants peuvent être découragés, et c'est pourquoi il a dit, «Or nous,

nous avons la pensée de Christ» au verset 16. Nous ne devons pas être déçus, parce que nous avons la pensée de Christ.

Le Saint-Esprit demeure en nous. Ainsi, si nous vivons dans la vérité, nous pouvons entendre Sa voix pour ressembler au Seigneur et devenir plus spirituels, en étant capables de comparer et de discerner les choses spirituelles. Alors nous pouvons être considérés comme de vrais enfants de Dieu.

Romains 8:14 dit, *«car tous ceux qui sont conduits par l'Esprit de Dieu sont fils de Dieu.»* Ce n'est pas tout le monde, mais uniquement ceux qui sont conduits par le Saint-Esprit de Dieu qui sont les fils de Dieu. C'est pourquoi, entrons dans les dimensions spirituelles et devenons des fils de Dieu qui sont conduits par l'Esprit de Dieu.

Chapitre 3

Nous Sommes le Temple de Dieu

— L'Eglise de Corinthe appartenait à la chair

— Dieu est la Cause de la Croissance

— Un Sage Maître Bâtisseur

— L'œuvre de Chacun

— Détruire le Temple de Dieu

— La Sagesse Mondaine est Folie

L'Eglise de Corinthe appartenait à la chair

> « Pour moi, frères, ce n'est pas comme à des hommes spirituels que j'ai pu vous parler, mais comme à des hommes charnels, comme à des enfants en Christ. » (3:1)

Paul dit, « ce n'est pas comme à des hommes spirituels que j'ai pu vous parler... » A cela nous pouvons voir que les croyants de l'église de Corinthe n'étaient pas encore devenus des hommes spirituels. Paul ne pouvait pas leur parler comme à des hommes ou des femmes spirituels parce que c'était toujours des gens charnels. C'étaient des gens qui aimaient le monde et appartenaient à la chair.

Paul a ceci à dire pour décrire de telles personnes qui n'ont pas encore atteint le niveau spirituel, « ...mais comme à des hommes charnels, comme à des enfants en Christ. » Des enfants ne peuvent pas avaler de la nourriture solide. S'ils devaient manger de la nourriture solide sans être capables de la digérer, la nourriture va mettre leur vie en danger. C'est pourquoi nous devons nourrir les petits enfants avec du lait.

De la même manière, ceux qui disent qu'ils croient en Dieu mais qui demeurent toujours dans la chair, ne peuvent pas l'accepter et comprendre la Parole de Dieu. Ils ne peuvent pas vivre selon Sa parole. Malgré qu'ils aient été reconnus comme intellectuels dans ce monde, ils sont toujours des enfants en Christ qui ne connaissent pas la vérité.

«Je vous ai donné du lait, non de la nourriture solide, car vous ne pouviez pas la supporter; et vous ne le pouvez pas même à présent.» (3:2)

L'apôtre Paul a dit qu'il ne leur donnait pas de la nourriture solide, mais du lait à boire. Comme c'est expliqué au verset 1, les croyants de l'église de Corinthe étaient des enfants spirituels qui ne pouvaient pas digérer de la nourriture solide. C'est pourquoi Paul a dit qu'il devait leur donner seulement du lait, parce qu'ils ne pouvaient traiter les choses spirituelles.

Nous pouvons aussi bien comprendre que les croyants de l'église de Corinthe étaient toujours des gens charnels à partir du verset 1 du chapitre 1. Ils avaient des factions dans l'église qui disaient, 'Je suis de Paul', 'Je suis d'Apollos' et 'Je suis de Céphas' Cela veut dire qu'ils n'étaient pas unis dans la vérité.

S'ils avaient su comment manger de la nourriture solide, ils auraient été unis en tant qu'un dans l'amour pour prier, suivre la volonté de Dieu et sauver plus d'âmes. Mais parce qu'ils étaient toujours des bébés spirituels qui devaient boire du lait, ils insistaient sur le fait qu'ils avaient raison. Ce qui veut dire qu'ils ne participaient pas aux choses spirituelles.

Quel type de foi devons-nous avoir de manière à devenir des hommes ou des femmes spirituels et fermes dans la foi?

Si nous pensons à la foi spirituelle mesurée en pourcentages, alors les hommes et les femmes spirituels sont ceux qui ont dépassé les 60% du troisième niveau de la foi. À 50% ils peuvent encore être ballottés de droite à gauche. Mais à 60%, ils ne seront plus secoués et peuvent vaincre les désirs de la chair. Nous pouvons donc dire qu'ils se trouvent sur 'le rocher de la foi'. À partir de là, ils peuvent être appelés des hommes et des femmes spirituels et ils rechercheront les choses spirituelles.

Voulez-vous je vous prie vous examiner vous-mêmes où vous vous trouvez sur l'échelle de un à cent en ce moment? Si vous êtes à 10% ou 20% de la foi, cela signifie que vous êtes spirituellement des enfants. Comme cela est expliqué auparavant, malgré qu'ils soient des adultes dans ce monde, ils peuvent spirituellement être des enfants s'ils ne peuvent pas prendre et comprendre les choses spirituelles solides. Si c'est le cas, ils doivent écouter la Parole et la pratiquer avec ferveur pour devenir des croyants matures.

De même, spirituellement, des nouveaux convertis sont

comme des enfants spirituels. Selon leur mesure de foi, nous devons spirituellement les nourrir et prendre soin d'eux. Supposons qu'un nouveau converti dirige un magasin. Le dimanche, parce qu'il est toujours au niveau d'un enfant, il peut assister au culte d'adoration le matin, et plus tard ouvrir son magasin. S'il ferme son magasin le dimanche, Dieu le bénira. Mais il ne possède pas encore la foi pour accepter la vérité.

Si nous disons à une telle personne, que pour garder entièrement saint le jour du Seigneur, il doit fermer son magasin le dimanche et passer toute la journée à l'église, il se sentira très embarrassé et il refusera.

C'est pourquoi, nous devons leur enseigner pas à pas comment garder saint le jour du Seigneur. Nous pourrions offrir une suggestion en disant, «si tu ne veux pas fermer ton magasin le dimanche, tu pourrais simplement ouvrir le magasin et prier Dieu d'augmenter ta foi. Et tandis que ta foi grandit tu voudras fermer le magasin et assister au culte.» Parce qu'ils sont au stade d'aimer l'argent plus que Dieu, nous ne devons pas leur donner une indigestion spirituelle!

Si sa foi grandit et qu'il peut spirituellement commencer à manger de la nourriture solide, il peut normalement fermer le magasin le dimanche, mais pendant les congés principaux, il pourrait ne pas surmonter la tentation et ouvrir le magasin. Il ne peut pas garder le jour du Seigneur saint avec joie. C'est l'étape où il mange spirituellement de la nourriture douce. Jusqu'à ce stade, on peut dire qu'ils 'appartiennent à la chair'.

Mais si quelqu'un devient un homme spirituel, il fermera le

magasin le dimanche et gardera le jour du Seigneur saint même si cela signifie qu'il connaîtra une certaine perte financière. Un croyant qui est une personne spirituelle ne veut pas échanger le royaume de Dieu contre un peu plus d'argent, et il ne désobéira pas à la Parole de Dieu pour un gain personnel. Les hommes spirituels se réjouissent aussi de le faire parce qu'ils savent que ce n'est pas une perte financière que de fermer le dimanche. Ils plaisent à Dieu en gardant la Parole avec foi et se réjouissent du fait qu'ils sont reconnus en tant qu'enfants de Dieu. Nous disons que ces gens se tiennent sur 'le rocher de la foi'.

« En effet, puisqu'il y a parmi vous de la jalousie et des disputes, n'êtes-vous pas charnels, et ne marchez-vous pas selon l'homme ? » (3:3)

L'apôtre Paul insistait sur le fait que les croyants de l'église de Corinthe étaient toujours charnels en montrant qu'il y avait encore de la jalousie et des querelles entre eux.

Être jaloux signifie avoir de l'hostilité envers un rival ou quelqu'un qu'on croit jouir d'un avantage. La querelle est amère ou parfois un conflit violent ou une discorde. Cela commence par la cupidité et cela cause des querelles.

Comme cela a déjà été expliqué, les membres de l'église de Corinthe disaient qu'ils étaient de Paul, d'Apollos ou de Céphas ou de Christ pour amener jalousie et querelles. Non seulement en ce temps là, mais il y a toujours des églises qui ont des querelles et des divisions dans l'église d'aujourd'hui.

Par exemple, des membres d'un groupe missionnaire dans une église doivent obéir au dirigeant du groupe. Disons que le dirigeant a été choisi en démontrant des attributs qui sont spirituellement plus avancés que les autres. Si les membres du groupe n'obéissent pas au dirigeant, il y a de la jalousie ou des querelles.

Supposons que vous ayez de l'inconfort au sujet de votre dirigeant en pensant, «J'ai plus étudié que lui, et j'ai une plus grande foi que lui!» Alors que pensera Dieu de vous? Dieu ne peut que dire que vous êtes charnel, tout comme dans le cas des membres de l'église de Corinthe. C'est pourquoi, si nous avons une telle pensée, nous devons rapidement la chasser et devenir des hommes et des femmes spirituels.

> «Quand l'un dit: Moi, je suis de Paul! et un autre: Moi, d'Apollos! N'êtes-vous pas des hommes? Qu'est-ce donc qu'Apollos, et qu'est-ce que Paul? Des serviteurs, par le moyen desquels vous avez cru, selon que le Seigneur l'a donné à chacun.» (3:4-5)

Actes 4:12 dit, *«Il n'y a de salut en aucun autre; car il n'y a sous le ciel aucun autre nom qui ait été donné parmi les hommes, par lequel nous devions être sauvés.»* Comme c'est relaté, nous ne recevons le salut que par le nom de Jésus-Christ. L'apôtre Paul, Apollos ou quelqu'un d'autre peuvent avoir une grande puissance, mais cela ne veut pas dire qu'on peut être sauvé au travers d'eux.

Mais quand les croyants de l'église de Corinthe ont dit qu'ils étaient de 'telle' ou 'telle' personne, Paul a dit qu'Apollos et lui étaient des serviteurs. Les serviteurs sont ceux qui ont reçu de quelqu'un une tâche à accomplir. L'apôtre Paul et Apollos étaient des serviteurs de Dieu et ministres de Dieu qui accomplissaient le travail de sauver les âmes.

Les ministres n'agissent pas de leur propre volonté, mais selon la volonté de Dieu. C'est pourquoi, Apollos ou Paul obéissaient à la volonté de Dieu pour sauver les âmes en plantant la foi dans le troupeau et en prenant attentivement soin d'eux. Le salut vient du Christ seul et ainsi, Paul était très concerné au sujet des croyants de Corinthe parce qu'ils ont dit qu'ils étaient de Paul ou d'Apollos.

Dieu est la Cause de la Croissance

«J'ai planté, Apollos a arrosé, mais Dieu a fait croître.» (3:6)

Apollos a accepté le Seigneur avant l'apôtre Paul, mais Dieu a considéré le vase de l'apôtre Paul et l'a fait plus grand qu'Apollos en manifestant la puissance de Dieu. Ils étaient tous un en Dieu, mais Paul a planté et Apollos a arrosé.

«Paul a planté» signifie qu'il a planté la semence de foi dans les cœurs des gens. Il a témoigné du Dieu vivant avec des signes et les gens ont acquis la foi. De cette manière, la semence de foi a été plantée en eux.

Jésus a aussi planté la foi au travers de signes et de miracles. S'il n'avait manifesté aucun signe et prodige, alors, personne n'aurait cru qu'il était le Fils de Dieu, le Sauveur.

Il y a de nombreux signes et miracles que Jésus a accompli qui sont relatés dans la Bible. Dans Marc 4, on voit qu'il a calmé le vent et les vagues. Matthieu 4:23-24 dit, *«Jésus parcourait toute la Galilée, enseignant dans les synagogues, prêchant la bonne nouvelle du royaume, et guérissant toute maladie et toute infirmité parmi le peuple. Sa renommée se répandit dans toute la Syrie, et on lui amenait tous ceux qui souffraient de maladies et de douleurs de divers genres, des démoniaques, des lunatiques, des paralytiques; et il les guérissait.»*

De la même manière, les disciples de Jésus et l'apôtre Paul ont planté la foi au travers des signes qu'ils ont manifestés. C'est ainsi que tant de gens ont pu croire et accepter l'évangile.

Apollos a arrosé. Une fois qu'une semence est plantée, elle doit être arrosée. Ici, l'eau signifie spirituellement la Parole de Dieu. Les pasteurs et les leaders doivent donner la Parole de Dieu aux croyants de sorte que leur foi puisse grandir. De cette manière, tous travaillent ensemble pour accomplir le royaume de Dieu.

Bien sûr, en disant que l'apôtre Paul a planté la foi et qu'Apollos a aidé la foi à grandir, cela ne veut pas dire que planter et arroser sont séparés. Celui qui arrose peut aussi planter la foi et celui qui plante la foi peut aussi arroser. Tous les deux, l'apôtre Paul et Apollos ont planté et arrosé, mais le fait est que l'apôtre Paul a surtout planté et Apollos arrosé.

«en sorte que ce n'est pas celui qui plante qui est quelque chose, ni celui qui arrose, mais Dieu qui fait croître» (3:7)

Après que la semence est semée et est arrosée, elle est inutile si elle ne grandit pas par la puissance de Dieu. C'est par la puissance de Dieu qu'une semence qui a été plantée germe et grandit.

Spirituellement aussi, Dieu, au travers de ses ministres plante la foi et arrose les gens pour qu'ils obéissent à sa Parole et mènent une vie bénie. Mais ni celui qui plante, ni celui qui arrose ne sont quelque chose.

Car seul Dieu cause la croissance. L'apôtre Paul a planté et Apollos a arrosé, mais c'est toujours inutile à moins que Dieu ne cause la croissance. Ainsi, celui qui plante et celui qui arrose doivent toujours donner toute gloire à Dieu.

«Celui qui plante et celui qui arrose sont égaux, et chacun recevra sa propre récompense selon son propre travail.» (3:8)

Celui qui plante et celui qui arrose sont un parce qu'ils sont tous deux des ouvriers de Dieu. Si la semence n'est pas correctement plantée, l'arroser sera inutile. Ce n'est que lorsque les ministres travaillent ensemble et plantent et arrosent correctement, que tout peut être fait par grâce.

C'est pourquoi il est dit, *«Celui qui plante et celui qui arrose sont égaux, et chacun recevra sa propre récompense selon son propre travail.»* Chacun a un vase différent. Certains montrent des signes, d'autres prêchent et d'autres encore donnent des conseils spirituels aux croyants, louent Dieu ou accomplissent un travail volontaire. Chacun recevra sa propre récompense selon ses œuvres.»

Ce ne sont pas tous les pasteurs qui recevront les plus grandes récompenses. Les récompenses sont données selon la manière de chacun de se sanctifier et d'accomplir sa tâche. Elles ne dépendent pas du titre lui-même.

Les étudiants pourraient penser, «Je suis un étudiant, et la seule chose que je fais est d'étudier, alors comment puis-je avoir une récompense dans le royaume des cieux?» Ce raisonnement n'est pas fondé. Dieu a aussi donné une tâche aux étudiants. C'est de prier, d'adorer Dieu et de bien étudier en tant qu'étudiants pour donner gloire à Dieu. Aussi, s'ils rendent l'arôme de Christ partout où ils se trouvent et gagnent les louanges des autres en respectant leurs parents, de telles choses deviendront leurs récompenses.

Étant donné que les enfants aussi ont leurs tâches, ils auront aussi des récompenses dans le royaume des cieux. Leurs tâches sont d'assister aux cultes d'adoration sans pleurer, de prier et de ne pas provoquer de troubles. Pour cette raison, les récompenses des enfants seront différentes selon la manière dont les parents les font grandir dans la foi.

Même les pasteurs peuvent faire face à un jugement plus strict s'ils n'accomplissent pas leurs tâches en prennent soin des âmes qui leur sont confiées. C'est pourquoi Jacques 3:1 dit, *«Mes frères, qu'il n'y ait pas parmi vous un grand nombre de personnes qui se mettent à enseigner, car vous savez que nous serons jugés plus sévèrement.»*

« Car nous sommes ouvriers avec Dieu. Vous êtes le champ de Dieu, l'édifice de Dieu.» (3:9)

Des ouvriers sont ceux qui travaillent ensemble pour accomplir le même travail. L'apôtre Paul et Apollos étaient des ouvriers parce qu'ils travaillaient ensemble pour le salut des âmes en plantant et en arrosant, et en accomplissant le royaume de Dieu.

Paul a dit, «Vous êtes le champ de Dieu.» Le champ se réfère au cœur de l'homme. Le cœur de ceux qui ont la foi est le champ de Dieu, et c'est pourquoi, nous devons en prendre bien soin.

Dans Matthieu 13, 'le champ' est catégorisé en bonne terre, de la terre épineuse, de la terre pierreuse et la terre le long du chemin. Les enfants de Dieu doivent faire de leur cœur de la bonne terre.

Paul a dit aussi, «Vous êtes le temple de Dieu.» Ces enfants de Dieu qui ont reçu le Saint-Esprit sont un temple de Dieu parce que le Saint-Esprit demeure en eux.

C'est pourquoi 1 Corinthiens 3:16-17 dit, *«Ne savez-vous pas que vous êtes le temple de Dieu, et que l'Esprit de Dieu habite en vous? Si quelqu'un détruit le temple de Dieu, Dieu le détruira; car le temple de Dieu est saint, et c'est ce que vous êtes.»*

Nous sommes le champ de Dieu et le lieu de séjour de Dieu, et en tant que tels, nous devons être des hommes spirituels, et non des hommes charnels qui ont des jalousies et agissent dans la contrevérité.

Un Sage Maître Bâtisseur

«Selon la grâce de Dieu qui m'a été donnée, j'ai
posé le fondement comme un sage architecte, et un
autre bâtit dessus. Mais que chacun prenne garde à la
manière dont il bâtit dessus.» (3:10)

Ce verset semble facile à comprendre dans son sens littéral.
Mais il y a trois significations spirituelles importantes. Ce type
de verset est comme la Parole dans un cordon à trois filaments.

L'interprétation littérale du verset 10 est le premier filament.
Cela ne s'applique qu'à l'apôtre Paul. Il y a deux autres filaments
qui s'appliquent à nous. En combinant la partie qui s'applique
à Paul et les parties qui s'appliquent à nous, cela devient un
cordon à trois filaments.

'Me' ici se réfère à l'apôtre Paul. Son nom avant qu'il ne
rencontre le Seigneur était Saul. Il était un juif strict et il
persécutait sévèrement ceux qui croyaient en Jésus-Christ.

Il a reçu un document officiel du sacrificateur pour arrêter ceux qui croyaient en Jésus-Christ et les amener à Jérusalem. Sur son chemin vers Damas, il a rencontré Jésus-Christ. Dans Actes au chapitre 9, on explique en détail comment Saul a accepté le Seigneur.

Du moment où Saul a rencontré le Seigneur sur le chemin de Damas, il est arrivé à l'aimer profondément. Romains 8:35-39 dit, «*Qui nous séparera de l'amour de Christ? Sera-ce la tribulation, ou l'angoisse, ou la persécution, ou la faim, ou la nudité, ou le péril, ou l'épé? selon qu'il est écrit: C'est à cause de toi qu'on nous met à mort tout le jour, Qu'on nous regarde comme des brebis destinées à la boucherie. Mais dans toutes ces choses nous sommes plus que vainqueurs par celui qui nous a aimés. Car j'ai l'assurance que ni la mort ni la vie, ni les anges ni les dominations, ni les choses présentes ni les choses à venir, ni les puissances, ni la hauteur, ni la profondeur, ni aucune autre créature ne pourra nous séparer de l'amour de Dieu manifesté en Jésus-Christ notre Seigneur.*»

L'apôtre Paul savait que la connaissance de Jésus-Christ était la plus précieuse. Comparativement, il considérait toutes les autres choses comme étant une perte et de la boue. Il est devenu un prédicateur passionné de l'évangile tandis qu'il allait partout où Dieu voulait qu'il aille.

Il a prié selon la volonté de Dieu. Et dans Actes 19:12, nous trouvons que lorsque des mouchoirs ou des tissus qui avaient simplement touché son corps étaient portés aux malades, les maladies les quittaient et les esprits impurs sortaient d'eux.

L'apôtre Paul a été commissionné en tant que missionnaire de l'église d'Antioche et a établi des églises dans de nombreux endroits. Il a prêché l'évangile à Corinthe, en Galatie et dans de nombreux autres endroits et il a ouvert de nombreuses églises.

Il a placé un serviteur de Dieu ou un ouvrier de Dieu en charge de chaque église pour diriger l'église, et il quittait cet endroit pour aller prêcher l'évangile plus loin. À ce moment, il disait à ceux qui avaient la charge des églises, *«Selon la grâce de Dieu qui m'a été donnée, j'ai posé le fondement comme un sage architecte, et un autre bâtit dessus. Mais que chacun prenne garde à la manière dont il bâtit dessus.»*

Paul était comme un sage architecte. Il a confessé et témoigné de Jésus-Christ selon la grâce de Dieu et il a posé le fondement. C'est ici qu'il presse maintenant les pasteurs dans les églises à témoigner de l'évangile de Jésus-Christ tout comme il l'avait fait.

C'est le premier filament de la corde qui nous explique la situation de l'apôtre Paul au temps de sa relation avec l'église. Les second et troisième filaments de la corde qui nous disent la volonté de Dieu aujourd'hui sont même plus importants et significatifs aujourd'hui.

Quelle est la seconde signification donnée par Dieu dans ce verset?

C'est que nous, les enfants de Dieu devons bâtir sur et continuer à bâtir le sanctuaire du cœur avec soin et diligence. Lorsque nous ouvrons notre cœur et acceptons Jésus-Christ, le Saint-Esprit vient dans nos cœurs. Nous devenons maintenant un temple de Dieu, parce que le Saint-Esprit est dans notre cœur (1 Corinthiens 3:16).

Alors, comment sommes-nous supposés bâtir le temple de Dieu? Au commencement, c'était le temps avant que nous ne recevions le Saint-Esprit, nous étions un édifice sur lequel le diable construisait. Nous n'étions pas un temple de Dieu. Certains pourraient s'étonner pourquoi je dis cela, mais pensons un instant au sujet de quel type de personne nous étions avant de recevoir le Saint-Esprit.

Notre pensée était incitée par Satan et nous commettions les œuvres du diable. Nous aimions voir et entendre de nombreuses choses impures, nous allions dans des endroits impurs et nous aimions commettre des actes impurs. Nous aimions faire ce qui n'est pas en accord avec la vérité, et donc, nous étions un bâtiment qui était bâti par le diable.

Alors, comme Dieu nous dit d'être saint, avec l'aide du Saint-Esprit, nous avons commencé à combattre les péchés. Nos cœurs ont changé avec la vérité. Nous commençons à penser dans la vérité et notre volonté et plans viennent de la vérité. De cette manière, nous détruisons le bâtiment du diable et construisons le temple de Dieu.

Par exemple, nous avions l'habitude de haïr et de calomnier et nous étions jaloux des autres. Mais maintenant, nous essayons de prononcer des Paroles de vérité, louer et prier Dieu et respecter les autres. Nous allions dans des endroits impies, mais maintenant nous allons à l'église. Nos maisons sont des lieux de communion fraternelle avec les frères dans la foi.

Nous commençons à voir de bonnes choses et les choses vraies. Nous ne voulons pas entendre de calomnies ou de paroles de critiques qui sont prononcées au départ de l'envie, mais uniquement la Parole de vérité. Nous voulons seulement avoir des conversations devant Dieu dans la vérité.

Comme nous changeons de cette manière, notre corps lui-même devient une belle maison de vérité, c'est-à-dire le temple de Dieu. Si la contrevérité et la vérité sont moitié, moitié, alors en nous, la moitié est contrôlée par le diable. Cela veut dire que nous avons construit le temple 'à moitié'. Nous construisons le temple de Dieu en nous dans la mesure où nous combattons et chassons les péchés au point de verser le sang et que nous nous revêtons de la vérité.

Lorsque nous nous séparons de toutes les choses qui sont opposées à la vérité et vivons selon la Parole de Dieu, nous pouvons être appelés des 'hommes spirituels'. Cela veut dire que nous avons complètement construit le temple de Dieu dans nos cœurs. Ces gens marchent avec Dieu et communiquent avec Lui. Ils sont capables de recevoir tout ce qu'ils demandent et ils sont conduits dans les chemins de la prospérité. Parce qu'ils sont devenus le saint temple de Dieu, tous les tests et les épreuves s'en vont et ils vivront sous la protection de Dieu.

Le troisième filament de la corde concerne l'église entière. Le pasteur enseigne la parole de Dieu dans chaque église. Le troupeau prendra ce par quoi il est nourri et grandira en esprit. Certains deviendront les piliers du sanctuaire de Dieu, et certains autres joueront le rôle de briques, et d'autres encore agiront comme de la peinture, chacun contribuant pour une part à la construction.

Si tout ce qu'ils font est d'assister aux cultes, alors ils ne sont que comme le sable et le ciment. C'est pourquoi aux yeux de Dieu tous sont importants parce que chacun constitue une partie du sanctuaire de Dieu, malgré qu'ils n'aient aucune position dans l'église.

Que les positions soient considérées comme 'plus élevées' ou 'plus basses', ou qu'ils aient une position ou non, le temple de Dieu ne peut être construit que lorsque chacun fait sa part. Ceux qui sont comme les piliers de soutien doivent remplir leur tâche en tant que piliers étant donné que l'édifice s'écroulerait sans piliers.

En plus des piliers, il y a des briques et du ciment, et la peinture des murs. Tout est important. Si la peinture est ne fut-ce qu'un peu craquelée, cela devient laid. Le temple de Dieu peut être merveilleusement construit quand chacun joue son rôle correctement. Ce sont les trois filaments de la corde dans ce verset.

Le verset 10 dit, «Selon la grâce de Dieu qui m'a été donnée, j'ai posé le fondement.»

Ici, le fondement se réfère à Jésus-Christ. Pour être spirituellement sage, une personne reçoit la sagesse de Dieu, et pas du monde ou par l'éducation.

Quelle est cette sagesse donnée par Dieu? C'est de ce toujours se réjouir, de prier sans cesse et de rendre grâce en toutes circonstances. C'est aussi la sagesse et la volonté de Dieu que nous vivions selon Sa Parole, chassions toutes formes de mal et devenions sanctifiés.

Comme un sage architecte nous devons construire notre fondation avec la Parole de vérité de Jésus-Christ. C'est-à-dire que nous devons garder la Parole de Dieu pour devenir des hommes spirituels.

Pour construire un bâtiment, nous avons besoin d'outils de construction et d'équipement et des matériaux de construction tels que le ciment, les briques et le bois. Mais, de quoi avons-nous besoin pour construire le temple de Dieu?

Nous devons avoir 'nous-mêmes'. C'est-à-dire que nous devons avoir nos cœurs, nos pensées et nos âmes. Alors nous devons remplir chacun d'entre eux par la parole de vérité. Nous ne pouvons aussi construire notre temple que si le Saint-Esprit fait Son travail en agissant comme l'équipement nécessaire à la construction.

Quels sont les matériaux nécessaires à la construction de notre temple? Lorsque nous chantons des louanges, nous sommes remplis de foi, de grâce et d'amour pour Dieu. Par les prières, nous pouvons recevoir l'aide du Saint-Esprit pour vaincre le monde et chasser ce qui s'oppose à la vérité. Garder la Parole de Dieu, louer Dieu et les prières deviennent les matériaux pour construire le temple de Dieu.

Alors le verset 10 continue, «et un autre bâtit dessus. Mais que chacun prenne garde à la manière dont il bâtit dessus.»

Supposons que le pasteur de l'église, comme le sage architecte Paul, enseigne la Parole de Dieu sur le fondement de Jésus-Christ. Ses pasteurs assistants et les ouvriers deviendront aussi sages en conduisant le troupeau dans la vérité. Dans ce sens ils auront un temple, un sanctuaire de Dieu dans le sens d'une corde à trois filaments.

Mais maintenant, considérons une autre situation. Supposons que le pasteur enseigne bien avec la Parole de Dieu, mais d'autres ouvriers dans l'église utilisent leurs propres pensées lorsqu'ils nourrissent le troupeau. C'est comme construire une maison sur le sable. Malgré que le fondement soit solide, si nous construisons le premier étage avec du sable et ajoutons un second étage, il s'écroulera.

La personne qui construit sur le fondement est aussi importante. C'est pourquoi les ouvriers de l'église aussi bien que le pasteur doivent proprement recevoir la parole et construire la maison, ou ce sera comme une maison construite sur le sable.

Nous ne devons pas construire le temple, le sanctuaire de Dieu, avec des pensées humaines. Nous devons clairement entendre la voix du Saint-Esprit pour être capables de construire le temple au complet.

«Car personne ne peut poser un autre fondement
que celui qui a été posé, savoir Jésus-Christ.» (3:11)

Après avoir posé le fondement en Jésus-Christ qui est le
rocher, nous ne devons pas y ajouter un autre fondement. C'est
pourquoi le verset 11 nous dit d'être prudents. C'est-à-dire
que nous ne devons ajouter aucune connaissance humaine ou
tout autre contenu qui est basé sur les théories humaines. Nous
ne pouvons construire le temple entier de Dieu que si nous
bâtissons sur Jésus-Christ, le rocher de la vérité.

L'œuvre de Chacun

«Or, si quelqu'un bâtit sur ce fondement avec de l'or, de l'argent, des pierres précieuses, du bois, du foin, du chaume,» (3:12)

Le fondement, comme expliqué précédemment se réfère au Seigneur. Les hommes construisent la maison sur le fondement de Jésus-Christ. Certains construisent avec de l'or, certains autres avec de l'argent et d'autres encore construisent avec des pierres précieuses, du bois ou de la paille.

L'or ne réagit pas chimiquement avec d'autres substances. Il conserve donc son éclat et en tant qu'élément, il ne change pas. Il peut être utilisé pour de nombreux usages, car il peut être moulé en de nombreuses formes.

Bien sûr, certains pourraient penser que les joyaux sont plus précieux que l'or. Mais les joyaux ne peuvent pas être utilisés pour divers usages comme l'or. Le diamant, le saphir, l'émeraude, et d'autres pierres précieuses peuvent avoir de belles couleurs et scintiller, mais elles sont sans valeur quand elles sont brisées. L'argent est plus faible en valeur et moins beau que l'or. Dieu considère l'or comme le plus précieux, ensuite l'argent et les pierres précieuses, selon leurs usages.

Apocalypse 4:2-3 dit, *«Aussitôt je fus ravi en esprit. Et voici, il y avait un trône dans le ciel, et sur ce trône quelqu'un était assis. Celui qui était assis avait l'aspect d'une pierre de jaspe et de sardoine; et le trône était environné d'un arc-en-ciel semblable à de l'émeraude.»* Cela compare l'image de Dieu avec le jaspe et la sardoine. Ce n'est qu'une comparaison pour exprimer la beauté de Dieu. Mais dans le passage ci-dessus le plus précieux est l'or, puis l'argent, et ensuite les pierres précieuses.

Après les métaux et les pierres précieuses viennent le bois, le chaume et enfin la paille. Paul a comparé notre foi à l'or, l'argent, les pierres précieuses, le bois, le chaume et finalement la paille.

> **«...car le jour la fera connaître, parce qu'elle se révèlera dans le feu, et le feu éprouvera ce qu'est l'oeuvre de chacun.» (3:13)**

Que signifie 'l'œuvre de chacun'?

Ici, 'l'œuvre de chacun' est ce que chacun de nous fait avec tout notre cœur, pensée et force pour donner à Dieu. Notre foi peut être cataloguée en six différentes classifications selon le type de cœur, de pensée et d'âme nous avons donné à Dieu et la mesure dans laquelle nous vivons selon la Parole de Dieu. Certains ont la foi d'or. D'autres ont la foi d'argent, qui est un peu inférieure à la foi d'or. D'autres encore ont la foi de pierres précieuses, de bois, de chaume ou de paille.

La profondeur et l'ampleur de la foi sont différentes de la foi d'or à la foi de paille. Au travers de la classe de foi qui est comme le chaume, nous avons la foi pour recevoir le salut. Mais si nous avons une foi de paille, nous ne pouvons recevoir le salut.

Que signifie 'le jour'?

Notre œuvre deviendra évidente le 'jour' selon ce que nous aurons fait. Alors à quel jour, 'le jour' se réfère-t-il?

Premièrement, c'est le jour de l'évaluation de la manière dont nous avons accompli nos tâches.

À la fin de chaque année. Lorsque nous avons une tâche à accomplir à l'église, certains portent beaucoup de fruits à la fin de l'année tandis que d'autres ne produisent pas beaucoup.

À la fin de l'année, nous pouvons clairement voir combien chacun a prié et jeûné, a offert son temps et un support financier, et a donné de l'amour aux autres pour le royaume de Dieu et Sa justice. Tandis que notre œuvre devient évidente, nous recevons des récompenses dans le royaume des cieux.

Supposons qu'un pasteur a prié dur et a donné de l'encadrement spirituel aux membres. Mais à la fin de l'année, il n'y a pas réellement d'œuvres mises en évidence. Il a travaillé dur, mais en fait il est resté comme il était il y a un an. Par conséquent, il ne gagne ni félicitation ni aucune récompense de Dieu.

Un membre ordinaire de l'église pourrait penser, «Etant donné que les pasteurs font le travail du Seigneur toute la journée, ils accumulent leurs récompenses, mais les membres ordinaires n'auront probablement que peu de récompenses dans les cieux.» Mais ce n'est pas vrai. Quand les pasteurs ne font pas d'œuvres qui peuvent être reconnues par Dieu, ils ne recevront pas de récompenses. C'est leur tâche de sauver les âmes et de prendre soin d'elles, et pour cela, ils doivent montrer une preuve très claire de leur travail.

Cependant, qu'ils soient des étudiants aux études ou des hommes d'affaires dans leur business, les membres laïcs qui ont la foi peuvent faire tout ce qu'ils veulent pour la gloire de Dieu. Même lorsqu'ils étendent leurs connaissances ou travaillent pour gagner de la prospérité et de la réputation, ils font tout cela pour la gloire de Dieu. Ils travaillent dur pour leurs affaires et dans leurs lieux de travail, et alors, ils utilisent leurs revenus pour faire ou soutenir les œuvres missionnaires et charitables pour le royaume de Dieu.

C'est pourquoi, Dieu évalue aussi les œuvres des membres laïcs qui ont des travaux séculiers dans le monde. S'ils accomplissent fidèlement leurs travaux en tant que membres laïcs et donnent honneur à Dieu dans leurs vies, cela veut dire que leurs œuvres sont clairement révélées aux yeux de Dieu et ils peuvent donc recevoir des récompenses. Dieu sonde tout le monde et mesure précisément dans Sa justice. Il loue les œuvres de ceux qui montrent des œuvres d'or, d'argent ou de bois.

Deuxièmement, 'le jour' se réfère au temps d'épreuves enflammées.

Lorsque nous faisons face aux tests et aux épreuves, nous montrons notre foi devant Dieu. Certains montrent la foi d'or, certains autres la foi d'argent et encore d'autres la foi de pierres précieuses ou même de bois de chaume et de paille.

Que se passe-t-il si quelqu'un qui a une foi d'or fait face à une grande épreuve? Il ne sera jamais secoué et ne chutera pas, même en faisant face à de graves problèmes. Même si l'or est brisé en morceaux, on peut le remouler à sa forme originelle. Ceux qui ont une telle foi se lèveront dans les difficultés, malgré le fait qu'ils semblaient chuter pour un moment. Ils ne se plaignent pas devant Dieu dans aucune situation mais ils se réjouissent plutôt et Lui rendent grâces.

Qui étaient certaines personnes dans la Bible qui avaient une foi d'or?

Pierre, le disciple de Jésus a conservé sa justice en Dieu. Même quand il a été crucifié à l'envers, il prêchait l'évangile de Jésus-Christ. Bien sûr, à un moment, il avait renié trois fois le Seigneur, mais c'était avant qu'il n'ait reçu le Saint-Esprit. Mais dès le moment où il a reçu le Saint-Esprit, il a été fidèle jusqu'à la mort.

Considérons maintenant la Vierge Marie qui a porté Jésus

par le Saint-Esprit. Luc 1:31-33 dit, *«Et voici, tu deviendras enceinte, et tu enfanteras un fils, et tu lui donneras le nom de Jésus. Il sera grand et sera appelé Fils du Très-Haut, et le Seigneur Dieu lui donnera le trône de David, son père. Il règnera sur la maison de Jacob éternellement, et son règne n'aura point de fin.»*

C'est ce que l'archange Gabriel a dit à la Vierge Marie au sujet de la naissance de Jésus. À ceci, elle a répondu, «Je suis la servante du Seigneur; qu'il me soit fait selon ta parole!»

Selon la loi, une personne serait lapidée si elle avait été trouvée en situation d'adultère. Si Marie est devenue enceinte, les gens l'auraient jugée pour avoir commis l'adultère. Mais Marie n'avait pas peur et elle a simplement obéi. Elle avait une foi d'or.

L'apôtre Paul aussi avait un cœur qui ne change pas. Dès le moment où lui aussi a rencontré le Seigneur, il a prêché l'évangile aux Gentils jusqu'à sa mort.

Actes 16:25 dit, *«Vers le milieu de la nuit, Paul et Silas priaient et chantaient les louanges de Dieu, et les prisonniers les entendaient.»* Il était emprisonné parce qu'il prêchait l'évangile, mais il ne s'est pas plaint contre Dieu. Il a simplement loué et prié à Dieu.

Il s'est réjoui et a rendu grâces même au milieu des fortes souffrances. Parce qu'il avait une foi d'or, il était capable de servir le Seigneur sans même épargner sa vie.

Ceux qui ont la foi d'argent ont une foi qui est seulement

un peu moindre que ceux qui ont une foi d'or, mais ils ont aussi une grande foi.

Alors, à propos de ceux qui ont la foi de pierres précieuses ? Lorsque les gens sont remplis de la grâce de Dieu et lorsqu'ils sont guéris de maladies par la puissance de Dieu, ils peuvent se décider et confesser qu'ils veulent se consacrer à Dieu et prêcher l'évangile avec diligence. Les gens peuvent aussi dire qu'ils veulent vivre pour Dieu seul lorsque leurs prières sont répondues.

Lorsque ces gens avec une foi comme des pierres précieuses font comme ils confessent, ils paraissent comme ayant une foi d'or. Mais ils ne l'ont pas vraiment. Lorsqu'ils font face à des épreuves, leurs cœurs et leurs pensées vont changer. Ils semblent avoir de la foi quand ils sont remplis du Saint-Esprit, mais quand cette plénitude est passée, leur foi s'écroule et leurs cœurs changent. C'est la foi comme les pierres précieuses qui peut sembler bonne pendant un temps, mais qui peut être brisée. Alors qu'en est-il de la foi de bois, de chaume ou de paille ? Une telle foi est inutile parce que toutes les trois seront consumées par les tests enflammés de raffinage.

Troisièmement, lors de la Seconde Venue du Seigneur, les croyants seront enlevés dans les airs et après cela, il y aura le jour du jugement final auquel tous les croyants recevront leurs justes récompenses de Dieu. C'est dans ce jour final du jugement de Dieu que nous avons la troisième signification de 'le jour'.

Lors de ce jour du jugement, Dieu va en fait mesurer combien fidèles et sanctifiés nous avons été pendant que nous étions sur la terre. Et nous donnera les récompenses selon le résultat de ce jugement.

«Si l'oeuvre bâtie par quelqu'un sur le fondement subsiste, il recevra une récompense.» (3:14)

La foi d'or, d'argent et de pierres précieuses auront quelque chose qui demeure après le test du feu de raffinage. Leurs usages et leur dureté sont différentes, mais l'or, l'argent et les pierres précieuses ne sont pas brûlés par le feu. Le plus endurant et inchangé parmi les trois est l'or, et ensuite l'argent et ensuite, les pierres précieuses.

Mais contrairement à l'or, l'argent et les pierres précieuses, le bois, le chaume et la paille seront brûlés par le feu dans des tests enflammés. Ceux qui ont leurs œuvres qui demeurent comme l'or, l'argent et les pierres précieuses recevront leur récompense. La foi qui est un peu moindre ne recevra aucune récompense.

S'ils accomplissent leurs tâches sur cette terre, ils recevront la récompense de la reconnaissance pour leur œuvre. Même s'ils ne reçoivent rien sur la terre, ils sont reconnus par Dieu et les frères dans la foi. Ils auront aussi les récompenses stockées dans le ciel.

Si nous montrons la foi d'or, d'argent ou de pierres précieuses dans les tests et les épreuves, cela signifie que nous avons réussi le test, et Dieu, non seulement nous bénira mais Il nous donnera des récompenses au jugement final. Nous recevrons les récompenses selon ce qui reste de nos œuvres après les épreuves.

> **«Si l'oeuvre de quelqu'un est consumée, il perdra sa récompense; pour lui, il sera sauvé, mais comme au travers du feu.» (3:15)**

La foi comme le bois, le chaume ou la paille pourrait ne rien avoir qui demeure après avoir été raffiné dans le feu. Par exemple vous pouvez avoir travaillé dur en tant que dirigeant de cellule, mais vous n'avez aucun fruit et n'avez montré aucun réveil du groupe. Cela signifie que le caractère de votre foi n'était pas assez chaud, c'est-à-dire qu'il était tiède.

Dans Apocalypse 3:15-16, le Seigneur a réprimandé l'église de Laodicée pour avoir une foi tiède. Notre Seigneur veut que notre foi grandisse plus bouillante chaque jour pour porter plus de fruits.

Que nous dit la Bible à propos de ceux qui sont tièdes et n'accomplissent pas leurs tâches? Dans Matthieu 25:15-30, il Ya une parabole des talents qui est relatée. Lorsque celui qui a reçu cinq talents a produit cinq talents de plus, le Seigneur l'a félicité en disant, *«C'est bien, bon et fidèle serviteur; tu as été fidèle en peu de chose, je te confierai beaucoup; entre dans la joie de ton maître.»* (V.21)

Mais celui qui avait reçu un talent l'a simplement mis de côté et n'a pas travaillé avec cela. Le maître lui a dit, *«Serviteur méchant et paresseux,»* et il lui a pris ce talent et l'a donné à celui qui avait les dix talents. Il l'a ensuite chassé. Comme il est dit, « si le travail de quelqu'un est brûlé, il subira une perte », cette personne a subi une perte.

Si nous ne produisons pas un effort concerté pour stocker notre travail pour Dieu, ce sera une perte pour le royaume de Dieu. Si un dirigeant de cellule n'accomplit pas son travail, les membres de la cellule vont subir une perte ; leurs âmes ne prospèreront pas et ils ne seront pas capables d'éviter les épreuves.

De la même manière, si le pasteur n'accomplit pas son travail, alors toute l'assemblée va subir une perte ; leur foi sera affaiblie; et certains d'entre eux vont chuter dans la foi ou faire face à de nombreuses épreuves et tests.

Si cela se produit, Dieu a peu de choix, il doit les réprimander. Ils pourraient être sauvés, mais ce sera comme au travers du feu de raffinage. Cela signifie qu'ils peuvent toujours être sauvés parce qu'ils n'ont pas perdu leur foi et qu'ils ont travaillé pour Dieu, mais juste un peu. Ils ne peuvent recevoir qu'un salut honteux sans recevoir aucune récompense.

Détruire le Temple de Dieu

«Ne savez-vous pas que vous êtes le temple de Dieu,
et que l'Esprit de Dieu habite en vous?» (3:16)

'Vous' ne se réfère pas seulement ici aux croyants dans l'église de Corinthe, mais aussi à tous les enfants de Dieu. Êtes-vous un temple de Dieu? Avez-vous reçu le Saint-Esprit?

Le temple de Dieu est le corps du Seigneur. Le Saint-Esprit demeure dans le cœur de ceux qui ont accepté Jésus-Christ comme leur Sauveur. Le Saint-Esprit remue nos cœurs pour vivre dans la vérité et Il nos conduit vers le royaume des cieux. Nous sommes appelés le temple de Dieu parce que le Saint-Esprit demeure en nous.

Alors, pourquoi Paul les a-t-il réprimandés en disant, «Ne savez-vous pas que vous êtes le temple de Dieu, et que l'Esprit de Dieu habite en vous?»

L'apôtre Paul a enseigné aux membres de l'église de

Corinthe de ne pas devenir des hommes charnels mais de devenir des hommes spirituels. Les hommes spirituels sont ceux qui réalisent la parole de vérité, la gardent en mémoire et la pratiquent. Ce sont ceux qui prient, adorent et pratiquent la vérité selon la Parole de Dieu.

Nous pouvons avoir une foi comme de l'or si nous chassons toute forme de mal et faisons le bien, ne disant pas de mensonges en suivant la Parole. Nous devons avoir une foi au moins comme de l'argent ou des pierres précieuses. Mais les membres de l'église de Corinthe n'avaient pas une telle foi, et c'est pourquoi Paul les réprimandait.

> «Si quelqu'un détruit le temple de Dieu, Dieu le détruira; car le temple de Dieu est saint, et c'est ce que vous êtes.» (3:17)

Paul a dit, «Si quelqu'un détruit le temple de Dieu, Dieu le détruira.» Ce verset s'applique à tous les croyants. Les incroyants n'ont rien à voir avec Dieu de toute manière parce que ce sont des enfants du diable. Nous ne devons pas parler d'eux parce qu'ils n'ont rien à voir avec le salut.

Aujourd'hui, de nombreuses personnes n'enseignent pas clairement cette Parole de Dieu relatée. Certains disent, «nous recevrons le salut dès que nous recevons le Saint-Esprit. Une fois que nous sommes sauvés, nous serons toujours sauvés. Donc, malgré que nous commettions des péchés, nous serons sauvés de toute manière. C'est parce que Dieu nous conduira d'une certaine manière, même en nous punissant, et ainsi nous recevrons le salut.» Mais cela est faux. Malgré que nous ayons reçu le Saint-Esprit, si nous commettons volontairement des péchés, le Saint-Esprit sera éteint, et si c'est le cas, notre âme ne peut être sauvée. (Hébreux 10:26 ; 1 Thessaloniciens 5:19)

Que signifie de détruire le temple de Dieu? Le temple est l'endroit où Dieu est sur le trône, et ainsi cela se réfère à souiller notre âme où le Saint-Esprit demeure.

Alors, où est notre cœur? Nous avons un corps spirituel en nous qui nous ressemble et notre «cœur» est tout ce corps spirituel. Dans le cœur nous avons la conscience. La conscience est le standard de jugement qu'on forme pendant une période de temps. C'est la base avec laquelle on détermine ce qui est vrai ou faux.

Un bébé nouveau-né n'a pas de conscience. Qui dirait à un bébé qui a pleuré toute la nuit, «quel est ton problème, n'as-tu pas de conscience?» Les enfants plantent ce qu'ils voient, entendent et apprennent et le réalisent dans leurs cœurs tandis qu'ils grandissent. Ces choses s'accumulent pour devenir leur conscience et leur standard de jugement.

S'ils apprennent que c'est viril de frapper en retour quand ils ont été frappés par quelqu'un, alors cela deviendra leur standard de juger la valeur de recours dans une telle situation. Mais de nombreuses parties de cette conscience ne sont pas correctes selon la Parole de Dieu.

C'est pourquoi, tout ce que nous avons mis dans notre

cœur qui s'oppose à la vérité doit être chassé. Nous devons alors planter en nous la Parole de Dieu au lieu de la contrevérité. Nous devons nous débarrasser de contrevérités comme la fausseté, la haine, le jugement et la condamnation et ensuite suivre la vérité.

Lorsque nous chassons la contrevérité et suivons la vérité, notre cœur qui est le temple de Dieu sera propre. Sinon, le mal reste en nous, et Dieu dit que nous périrons car nous sommes impurs.

Mais nous de devrions pas penser que nous allons périr parce que nous avons toujours des péchés que nous n'avons pas encore été capables de chasser. Nous pourrions avoir certains péchés qui restent dans notre cœur, mais si nous essayons continuellement de les chasser, Dieu est satisfait de tels actes.

Par exemple, supposons qu'il y ait une personne avec un tempérament chaud. Mais il écoute la parole de vérité, et réalise qu'il est pécheur, et il réduit par la prière le nombre de fois où il se met en colère. Dieu ne dira pas qu'il est pécheur. Dieu croit que cette personne continuera à changer et deviendra un jour une personne qui ne se fâche jamais.

Mais si quelqu'un n'essaye pas de chasser la colère, en sachant que c'est un péché, Dieu tournera le dos à une telle personne. Cela prouve qu'il n'a pas de foi. Si quelqu'un croit vraiment, il combattra définitivement les péchés pour les chasser.

C'est pareil avec la haine, l'envie, la jalousie, les querelles et le jugement. Quand nous découvrons les choses qui ne sont pas justes devant Dieu et essayons de nous en débarrasser par de ferventes prières, notre cœur, qui est le temple du Saint-Esprit, deviendra saint et nous brillerons de vérité.

La Sagesse Mondaine est Folie

> «Que nul ne s'abuse lui-même: si quelqu'un parmi
> vous pense être sage selon ce siècle, qu'il devienne fou,
> afin de devenir sage.» (3:18)

Dieu nous conseille de ne pas nous abuser nous-mêmes.
Nous abuser, c'est abuser nos cœurs, et c'est essayer d'abuser le
Saint-Esprit qui est en nous, ce qui est pareil à abuser Dieu.

Que signifie «s'abuser soi-même»? S'abuser soi-même
signifie connaître la Parole de Dieu mais ne pas la pratiquer. Les
gens qui s'abusent eux-mêmes essayent en fait d'abuser Dieu. Ils
ne trouvent aucune joie dans le fait de mener leur vie dans la foi.
Ils sont incapables de réaliser que la Parole de Dieu est douce
comme le miel. Ils viennent seulement à l'église avec une vague
espérance qu'ils vivront un jour dans la vérité.

Mais la Bible nous dit que le Seigneur revient bientôt, et
nous ne savons pas quand Dieu prendra nos esprits. Nous ne

devons pas seulement espérer que nous changerons un jour. Nous devons nous décider à pratiquer la Parole dès le moment où nous l'entendons.

Le verset continue en disant, « si quelqu'un parmi vous pense être sage selon ce siècle, qu'il devienne fou, afin de devenir sage ».

Quiconque croit qu'il est sage selon la sagesse de ce monde est arrogant devant Dieu. De telles gens ne recevront pas la Parole de Dieu à cause de leur arrogance et cela les conduira vers la destruction. Ils ne peuvent pas croire la Parole de Dieu parce qu'ils placent leur sagesse en premier avant la sagesse de Dieu. Ils essayent de discerner la Parole de Dieu au travers de leurs pensées et par leur sagesse. Nous devons donc mettre de côté et même détruire ce type de sagesse mondaine si elle est en conflit avec la sagesse de Dieu.

Comme expliqué auparavant, cela ne veut pas dire que nous devons oublier les connaissances que nous avons gagnées dans ce monde. Cela signifie que les connaissances et la sagesse de ce monde ne peuvent pas nous conduire sur le chemin de la vie. Seul le Seigneur est le chemin, la vérité et la vie. La connaissance de ce monde est à peine de l'information dont nous avons besoin pour continuer nos vies sur la terre. Elle ne peut jamais nous conduire sur le chemin de la vie éternelle.

Le verset nous dit aussi de « devenir insensés ». Cela veut dire que nous devons ouvrir nos cœurs, devenir comme des enfants, et pratiquer la Parole lorsque nous la recevons. Nous devons avoir les cœurs humbles, simples et purs comme ceux des enfants. Lorsque nous devenons des enfants spirituels de cette manière, nous allons abandonner notre propre sagesse, recevoir la sagesse d'en haut et aller sur le chemin de la vie éternelle.

Les choses sur la terre périront et la sagesse de ce monde ne peut pas nous conduire vers la vie éternelle. C'est pourquoi le verset dit qu'il est sage de chasser la sagesse du monde qui n'est pas en accord avec la parole de Dieu, pour devenir « insensés » et vivre selon la Parole de Dieu.

> « Car la sagesse de ce monde est une folie devant Dieu. Aussi est-il écrit: Il prend les sages dans leur ruse. Et encore: Le Seigneur connaît les pensées des sages, Il sait qu'elles sont vaines. » (3:19-20)

Dans Luc 16, nous voyons un homme riche qui se réjouissait chaque jour en faisant la fête dans des habits colorés, mais qui est parti dans le tombeau inférieur (Hadès) après sa mort, souffrant dans les flammes et étant incapable de recevoir même une goutte d'eau. Il pouvait sembler avoir été sage étant vivant, mais quand il est parti vers le tombeau inférieur, il ne pouvait même pas avoir une goutte d'eau. Combien cela est-il douloureux! Et il doit continuer une telle vie éternellement, et combien cela est-il insensé!

Ceux qui croient qu'ils ont la sagesse vont tomber dans leur ruse. Ruse signifie 'être adepte de l'usage de subterfuges et de ruses'. Comme ils sont pris par leur propre ruse, ils disent des choses insensées telles que, «Où est Dieu?» Ils ne cherchent même pas Dieu, croyant dans leur propre sagesse, et ils vont finalement sur le chemin de la destruction.

Ensuite, il est dit, «Le Seigneur connaît les pensées des sages, Il sait qu'elles sont vaines.» Même si nous apprenons beaucoup de choses pour devenir un scientifique ou un médecin, inventons beaucoup de choses ou gagnons de grandes fortunes, cela n'est rien aux yeux de Dieu.

Ecclésiastes 1:2-3 dit, «*Vanité des vanités, dit l'Ecclésiaste, vanité des vanités, tout est vanité. Quel avantage revient-il à l'homme de toute la peine qu'il se donne sous le soleil?*» Et le verset 14 dit, «*J'ai vu tout ce qui se fait sous le soleil; et voici, tout est vanité et poursuite du vent.*»

Malgré que nous ayons gagné de nombreuses choses avec nos efforts et nos outils, c'est inutile parce que seul l'Enfer nous attend si nous ne connaissons pas Dieu. Mais si nous avons la vie en nous, nous rendrons gloire à Dieu en toutes choses. Ce n'est pas inutile parce que notre chemin est dirigé vers le royaume des cieux.

«Que personne donc ne mette sa gloire dans des hommes; car tout est à vous,» (3:21)

Dieu dit, «Que personne donc ne mette sa gloire dans des hommes.» Les croyants n'ont rien à glorifier si ce n'est Christ.

On peut avoir une grande sagesse et être très réputé, mais toutes ces choses sont aussi inutiles si nous n'avons pas de vie en nous. C'est pourquoi Jésus aimait les collecteurs d'impôts et les prostituées plutôt que les principaux sacrificateurs et les anciens qui avaient de la sagesse.

Dans Matthieu 21:31, Jésus parlait avec les principaux sacrificateurs et certains autres, *«Je vous le dis en vérité, les publicains et les prostituées vous devanceront dans le royaume de Dieu.»*

Les sacrificateurs et les anciens ne pouvaient pas recevoir la Parole parce qu'ils étaient arrogants et avaient de l'orgueil en eux-mêmes, pensant qu'ils possédaient la sagesse. Ils n'étaient même pas capables de reconnaître le Sauveur qui se tenait devant eux. Mais les collecteurs d'impôts et les prostituées ont réalisé leurs péchés et se sont repentis et ont reçu leur salut. C'est pourquoi se vanter est inutile et nous ne devons nous glorifier que dans le Seigneur.

Le verset dit aussi, «car tout est à vous». Toutes choses appartiennent à Dieu et elles nous appartiennent aussi parce qu'Il est notre Père. Dieu nous les donnera quand toutes choses seront restaurées.

Si la vérité demeure dans une personne, et que son âme prospère, toutes choses dans ce monde lui appartiennent aussi. C'est parce que toutes choses seront faites comme il le désire dans son cœur comme il est dit dans le Psaume 37:4, *«Fais de l'Éternel tes délices, Et il te donnera ce que ton coeur désire.»* Dieu nous considère comme Son temple. Ainsi, si nous lui ressemblons en ayant un temple saint et propre en nous, alors toutes choses nous appartiennent.

> «soit Paul, soit Apollos, soit Céphas, soit le monde, soit la vie, soit la mort, soit les choses présentes, soit les choses à venir. Tout est à vous; et vous êtes à Christ, et Christ est à Dieu.» (3:22-23)

Paul, Apollos et Céphas, qui est appelé plus communément Pierre, étaient tous serviteurs de Dieu. Étant donné que tous étaient serviteurs, il n'était pas nécessaire d'avoir des divisions parmi les croyants. De même, la Parole nous appartient parce qu'elle appartient à Dieu le Père. La mort est aussi en nous, car tous les corps meurent une fois.

Spirituellement aussi, nous allons sur le chemin de la vie en croyant en Jésus-Christ. Si nous quittons Dieu, la mort reviendra sur nous. Ainsi la vie et la mort dépendent de nous et nous appartiennent. Les choses du présent et celles à venir nous appartiennent aussi.

Le verset dit aussi que nous appartenons à Christ et que Christ appartient à Dieu. Tout est créé par Jésus-Christ (Colossiens 1:16). Lorsque nous appartenons à Jésus-Christ et que Jésus-Christ appartient à Dieu, alors tous les croyants appartiennent à Dieu. Parce que toutes choses appartiennent à Dieu, elles nous appartiennent aussi.

Chapitre 4

SOYEZ MES IMITATEURS

— Exigences pour des Serviteurs qui sont des Dispensateurs

— Comment un Homme est-il Justifié?

— N'Excédez pas la Parole

— Soyez Mes Imitateurs

— Puissance et Capacité au travers du Royaume de Dieu

Exigences pour des Serviteurs qui sont des Dispensateurs

«Ainsi, qu'on nous regarde comme des serviteurs de Christ, et des dispensateurs des mystères de Dieu. Du reste, ce qu'on demande des dispensateurs, c'est que chacun soit trouvé fidèle.» (4:1-2)

Ici, le terme 'on' se réfère à la fois aux croyants et aux incroyants. Alors, qui sont les 'serviteurs de Christ'? D'abord, ce sont ceux qui rendent l'arôme de Christ en tant que serviteurs de Christ et dispensateurs des mystères de Dieu.

De même, quiconque a une tâche ou un titre dans l'église est un serviteur de Christ. Mais même ceux qui n'ont pas de titre ni de position dans l'église ont une tâche en tant que serviteur de Dieu et ils doivent aussi rendre l'arôme de Christ.

Qui sont les dispensateurs des mystères de Dieu? 'Mystère' se réfère ici au chemin de la croix. 1 Corinthiens 2:7 dit, «*nous prêchons la sagesse de Dieu, mystérieuse et cachée, que*

Dieu, avant les siècles, avait destinée pour notre gloire.» C'est un mystère parce qu'il était caché avant le commencement des temps.

Adam a été créé en tant qu'esprit vivant, mais son esprit est mort à cause de sa désobéissance. Depuis lors, toute l'humanité était destinée à la mort, qui est le salaire du péché. Mais le Dieu d'amour a préparé Jésus-Christ avant le commencement des temps pour ouvrir le chemin du salut.

Ce mystère a été révélé à la croix au travers de Jésus-Christ il y a environ 2.000 ans. La Bible contient de nombreux secrets qui nous conduisent sur le chemin de la vie. Ceux qui réalisent ces secrets sont appelés 'dispensateurs des mystères de Dieu'.

Dans le verset 2, les 'dispensateurs' sont les dispensateurs des mystères de Dieu. Alors qu'ils apprennent la Parole de Dieu, ils réalisent et comprennent le commandement du Seigneur qui nous dit de prêcher l'évangile à toutes les nations et à tous les peuples. Ils participent aussi et contribuent en tant que professeurs à l'école de Dimanche, membres de la chorale, diacres, grandes diaconesses et anciens.

Nous ne devons donc pas uniquement accomplir la tâche de prêcher mais aussi les tâches de l'église. Dieu a promis qu'il donnerait la couronne de vie à ceux qui seraient fidèles jusqu'à la mort (Apocalypse 2:10).

Être fidèles signifie de donner tout, nos cœurs, nos pensées, nos âmes et même nos vies pour accomplir nos tâches. Si un salarié se contente de faire son travail, on ne peut pas dire qu'il est fidèle. Nous ne pouvons dire qu'il est fidèle que lorsqu'il fait plus que ce qu'il est sensé faire en n'épargnant ni argent, ni temps.

Comment un Homme est-il Justifié?

« Pour moi, il m'importe fort peu d'être jugé par vous, ou par un tribunal humain. Je ne me juge pas non plus moi-même, car je ne me sens coupable de rien; mais ce n'est pas pour cela que je suis justifié. Celui qui me juge, c'est le Seigneur. » (4:3-4)

Si quelqu'un vous examine et vous juge, est-ce quelque chose de grand ou de petit? Si quelqu'un vous juge, cela signifie qu'il viole la Parole de Dieu et il est mauvais. Un homme de vérité obéira à la parole de Dieu et ne jugera ni ne condamnera, ni ne critiquera les autres.

Une personne mauvaise peut vous juger malgré que vous viviez selon la Parole de Dieu, mais cela est peu de choses pour vous. Dieu ne dit pas que vous êtes un pécheur car vous ne violez pas la vérité. Satan ne peut pas vous accuser non plus. Vous n'avez rien de quoi vous devez vous repentir.

Mais alors, pourquoi l'apôtre Paul a-t-il dit que cela 'lui importe peu' et n'a-t-il pas dit 'pas du tout'.

Luc 6:27-28 dit, «*Mais je vous dis, à vous qui m'écoutez: Aimez vos ennemis, faites du bien à ceux qui vous haïssent, bénissez ceux qui vous maudissent, priez pour ceux qui vous maltraitent.*»

Cela vous importe peu parce qu'il n'y a pas d'accusation qui puisse être apportée contre vous, mais l'accusateur qui vous juge a agi au départ de sa méchanceté. Mais vous devez continuer à prier pour lui avec amour de sorte qu'il n'aille pas sur le chemin de la destruction. Paul a dit que cela lui 'importe peu' et pas 'pas du tout' parce qu'il devait aussi prier pour de telles personnes.

Le verset 4 dit, «Je ne me juge pas non plus moi-même, car je ne me sens coupable de rien; mais ce n'est pas pour cela que je suis justifié. Celui qui me juge, c'est le Seigneur.» Si nous vivons selon la Parole de Dieu, nous n'aurons rien qui puisse nous accuser. Cela signifie que notre vie passe l'examen des sept Esprits.

Ces 'sept Esprits' représentent le cœur de Dieu qui sonde les sept aspects de la vie des gens. Ces aspects sont la foi, la joie, la prière, la reconnaissance, l'observance des dix commandements, la fidélité et l'amour. Les sept Esprits examinent si nous vivons selon la Parole, et pour recevoir des réponses à nos prières, nous devons passer l'évaluation. (Apocalypse 5:6)

Si nous vivons dans la Parole de Dieu lorsque nous sommes mesurés par les sept Esprits, alors nous ne serons conscients de rien contre nous-mêmes.

Mais pourquoi Paul dit-il, «Je ne me sens coupable de rien»? Les hommes ne peuvent être justifiés que par la foi en Jésus-Christ. Cela ne se fait que par la grâce de Dieu (Galates2 :16 ; Romains 10:10). Romains 3:23-24 dit, *«Car tous ont péché et sont privés de la gloire de Dieu; et ils sont gratuitement justifiés par sa grâce, par le moyen de la rédemption qui est en Jésus-Christ.»*

Nous ne pouvons être justifiés sans foi. Nous ne pouvons pas non plus faire la joie de Dieu. Malgré que nous aidions les autres et que nous soyons sincères dans notre service, nous ne pouvons recevoir aucune récompense sans la foi.

Seul Dieu peut mesurer notre foi. Les hommes jugent selon les œuvres externes et ils ne peuvent pas juger correctement. Par exemple, ils peuvent seulement penser que quelqu'un a une grande foi parce qu'il travaille avec zèle dans l'église.

Mais s'il n'est pas capable de surmonter un test ou une épreuve et retourne sur le chemin du monde, ce qu'il a fait n'a pas été fait avec foi. S'il avait réellement la foi, il ne pourrait pas quitter Dieu mais il porterait du fruit selon cette foi. Les hommes de même ne jugent que d'après des choses qu'ils peuvent voir et ils ne peuvent poser un jugement convenable. Seul Dieu peut poser un jugement précis sur le cœur.

Les hommes posent aussi de faux jugements parce qu'ils jugent selon la sagesse et les valeurs de ce monde qui est contraire à la vérité c'est pareil à mesurer quelque chose avec une mesure brisée d'une échelle inadaptée. Seul Dieu juge plus précisément parce qu'il sonde le cœur avec le standard de la vérité. Comme il est dit, «...Celui qui m'examine, c'est le Seigneur,» seul le Seigneur et Dieu peuvent examiner correctement et justement.

> **«C'est pourquoi ne jugez de rien avant le temps, jusqu'à ce que vienne le Seigneur, qui mettra en lumière ce qui est caché dans les ténèbres, et qui manifestera les desseins des coeurs. Alors chacun recevra de Dieu la louange qui lui sera due.» (4:5)**

«Avant le temps, jusqu'à ce que vienne le Seigneur» se réfère au temps de la Seconde Venue du Seigneur dans les airs. «Ce qui est caché dans les ténèbres» sont des péchés et des choses contre la vérité. Toutes ces choses seront révélées lorsque le Seigneur revient dans les airs. Ceux qui sont dans les ténèbres ne seront pas enlevés dans les airs. En outre, parmi ceux qui sont enlevés dans les airs, la sainteté et l'absence de blâme de chaque cœur seront clairement révélées devant le Seigneur.

Quels sont les 'desseins des cœurs des hommes'? C'est le dessein du cœur du Seigneur qui est la vérité. Lorsque le Seigneur revient dans les airs, chacun recevra sa louange selon ses œuvres. Il sera loué selon la manière dont il aura aimé Dieu, combien il a été fidèle, et combien il a prêché l'évangile et prié.

Il est écrit, «C'est pourquoi ne jugez de rien avant le temps, jusqu'à ce que vienne le Seigneur.» Les églises font face à des épreuves parce que les membres portent des jugements les uns sur les autres et deviennent jaloux. La Bible nous dit à de nombreuses reprises qu'il n'est pas bon de porter un jugement sur nos frères.

N'Excédez pas la Parole

«C'est à cause de vous, frères, que j'ai fait de ces choses une application à ma personne et à celle d'Apollos, afin que vous appreniez en nos personnes à ne pas aller au delà de ce qui est écrit, et que nul de vous ne conçoive de l'orgueil en faveur de l'un contre l'autre.» (4:6)

L'apôtre Paul et Apollos ont enseigné la Parole de Dieu et ont donné eux-mêmes un bon exemple. Seule la Parole de Dieu est la vraie volonté de Dieu, et ils ne voulaient pas que quelqu'un soit trompé par un autre livre ou enseignement qui contenait des mensonges.

Qu'est ce que Paul et Apollos ont spécifiquement enseigné aux croyants? Ils ont enseigné que Jésus est venu pour résoudre le problème de nos péchés et nous conduire sur le chemin de la vie éternelle et du salut. Ils ont insisté sur le fait que ces enfants de Dieu qui croyaient dans ce fait devaient mener une vie divine selon la Parole pour recevoir le salut.

Mais certaines personnes s'opposaient à ces enseignements. S'opposer à Dieu est de ne pas vivre dans la vérité et de suivre des idées personnelles sans égard pour la parole de Dieu.

Nous devons garder saint le Sabbat, mais ils pensent qu'ils peuvent faire ce qu'ils veulent le Dimanche après avoir assisté au culte du matin seulement. La Bible nous dit de crier dans la prière, mais ils pensent que prier en silence c'est mieux et ils ne crient pas.

Lorsque David a violé la Parole de Dieu, le prophète Nathan l'a réprimandé en disant qu'il méprisait la Parole du Seigneur Dieu. Si nous faisons ce que nous voulons selon notre volonté, cela s'oppose à la volonté de Dieu.

Celui qui s'oppose à la volonté de Dieu est naturellement arrogant. Il croit que sa connaissance et ses idées sont correctes et il s'oppose à la Parole de Dieu. Il est devenu le juge à la place de Dieu et combien cela est arrogant! Proverbes 16:18 dit, *«L'arrogance précède la ruine, et l'orgueil précède la chute.»*

«Car qui est-ce qui te distingue? Qu'as-tu que tu n'aies reçu? Et si tu l'as reçu, pourquoi te glorifies-tu, comme si tu ne l'avais pas reçu? Déjà vous êtes rassasiés, déjà vous êtes riches, sans nous vous avez commencé à régner. Et puissiez-vous régner en effet, afin que nous aussi nous régnions avec vous!» (4:7-8)

Paul demande aux croyants de l'église de Corinthe ce qui s'est passé pour qu'ils se divisent pour être d'Apollos, de Paul , de Céphas ou de Christ, et qui place un membre de l'église à être plus haut ou plus bas qu'un autre. Ici, 'diviser' a été fait avec arrogance. Les querelles et les divisions sont des œuvres de Satan.

Alors, qu'est-ce que Dieu a divisé? Il a divisé les péchés et la justice, la mort et la vie éternelle, et les ténèbres et la lumière. Dieu a divisé la vérité et la contrevérité. Dieu n'a pas divisé les membres en factions ou groupes suivant une personne ou d'autres suivant une autre, et il n'a pas placé un individu plus haut que les autres.

Par essence, Paul a dit aux membres de l'église de Corinthe qui ne suivaient pas ses enseignements, «Je vous ai enseigné la vérité et que n'avez-vous pas reçu? Je vous ai enseigné en vous donnant un exemple. Mais vous agissez comme si vous n'aviez pas reçu la vérité.»

Il a aussi dit, «et si vous l'aviez reçue, pourquoi vous vantez-vous comme si vous ne l'aviez pas reçue?» Ici, Paul dit que les membres de l'église de Corinthe ne vivaient pas dans la justice et agissaient comme les gens du monde. Il disait qu'ils recevaient les œuvres de Satan. En regardant leur vantardise, il demande comment il peut y avoir de la vantardise parmi eux au sujet de choses mondaines alors que les enfants de Dieu ne devraient se vanter que dans le Seigneur, et non pas de choses mondaines.

Si nous essayons de vivre dans la vérité alors nous devrions avoir faim et soif de justice. Considérons combien nous pouvons devenir assoiffés lorsque nous transpirons abondamment un jour d'été chaud. Il y a des soldats qui boiraient de n'importe quelle mare sur le sol lorsqu'ils deviennent si assoiffés après une dure journée d'entrainement. Ils ne s'en font pas même si elle n'est pas pure, parce que retenir leur soif est insupportable.

De plus, si nous sommes assoiffés et affamés pour la vérité, nous devons devenir humbles et servir les autres. Mais les croyants dans l'église de Corinthe aimaient le monde plus que d'apprendre la vérité. Ils devenaient arrogants et vantards de la connaissance, prospérité et sagesse du monde qu'ils avaient gagnées.

C'est pourquoi le verset 8 dit, «déjà vous êtes riches, sans nous vous avez commencé à régner.» Combien ces corinthiens étaient arrogants qui pensaient qu'ils étaient devenus comme des rois! Ils n'étaient pas affamés et assoiffés de justice avec de pauvres cœurs mais au contraire, ils étaient remplis et riches. Leurs œuvres étaient contraires à la vérité.

Il y a un ordre établi par Dieu dans l'église. Mais les membres de l'église de Corinthe agissaient comme s'ils étaient des rois. C'est pourquoi Paul les réprimande en disant qu'ils se comportaient comme s'ils n'avaient pas reçu la vérité. Lorsque nos œuvres ne suivent pas quand nous écoutons la Parole, alors nous avons une foi morte.

Alors, quand régnerons-nous comme des rois?

Apocalypse 20:6 dit, «*Heureux et saints ceux qui ont part à la première résurrection! La seconde mort n'a point de pouvoir sur eux; mais ils seront sacrificateurs de Dieu et de Christ, et ils régneront avec lui pendant mille ans.»*

Ceux qui ont accepté Jésus-Christ en tant que Sauveur seront enlevés dans les airs lors de la Seconde Venue du Seigneur. Ils auront le Banquet de Noces dans les airs pendant 7 ans. Alors, quand cela sera passé, ils descendront sur cette terre pour le règne du Millénium afin de régner avec le Seigneur.

Paul en pensant à cela a dit, «...et vraiment, je souhaite que vous soyez devenus des rois de sorte que nous puissions aussi régner avec vous.» Il conseille aux croyants de Corinthe de ne pas agir comme des rois de sorte qu'ils puissent être sauvés et régner comme des rois dans le royaume du Millénium.

L'apôtre Paul était une personne qui vivait dans la vérité en connaissant la vraie volonté de Dieu et qui a clairement réalisé le chemin du salut et la vie éternelle. C'est pourquoi Paul était celui qui devait agir comme un roi, en conduisant les croyants à vivre dans la vérité. Mais les membres de l'église de Corinthe étaient arrogants et ils régnaient comme des rois en disant, «ceci seulement est juste» et «cela seulement est vrai.»

Alors, ils n'auraient rien à faire avec l'apôtre Paul et c'est pourquoi Paul leur disait qu'ils ne seraient pas capables de régner comme des rois pendant le règne du Millénium s'ils continuaient à se comporter de la sorte.

Paul dit que ce qu'il enseigne est la vérité et seulement quand ils l'ont reçue et pratiquée, ils seraient enlevés dans les airs et règneraient dans le royaume du Millénium.

«Car Dieu, il me semble, a fait de nous, apôtres, les derniers des hommes, des condamnés à mort en quelque sorte, puisque nous avons été en spectacle au monde, aux anges et aux hommes.» (4:9)

Il y a deux types de pensées. L'une est la pensée spirituelle et l'autre est la pensée charnelle. Lorsque la vérité dans le cœur d'un homme est utilisée et transformée en pensée, c'est une pensée spirituelle. Ceux qui vivent selon la Parole de Dieu, c'est-à-dire ceux qui sont des hommes spirituels auront toujours des pensées spirituelles en recevant l'inspiration du Saint-Esprit dans leurs cœurs. D'autre part, ceux qui ne sont pas dans la vérité utiliseront d'abord la contrevérité dans leur cœur au travers de la pensée venant de Satan. C'est la pensée charnelle.

Paul a dit, «Je crois» et ici, ce n'est pas une pensée humaine mais une pensée spirituelle. Ce n'est pas son opinion personnelle mais l'inspiration du Saint-Esprit. Ici sa 'pensée' était la vérité.

Un apôtre est un serviteur de Dieu qui accomplit la volonté de Dieu. La Bible nous enseigne aussi le chemin d'un vrai serviteur. 1 Rois 19:21 dit, *«Après s'être éloigné d'Élie, il(Elisée) revint prendre une paire de boeufs, qu'il offrit en sacrifice; avec l'attelage des boeufs, il fit cuire leur chair, et la donna à manger au peuple. Puis il se leva, suivit Élie, et fut à son service.»*

Qu'en était-il avec les disciples de Jésus? Matthieu 4:18-22 nous dit que lorsque Jésus a appelé Jean et Jacques en tant que disciples, ils ont quitté leur bateau, le filet et même leur père et ont suivi Jésus. Dans Galates 1:16, Paul dit qu'il n'a pas 'consulté la chair et le sang' quand Jésus l'a appelé à devenir Son apôtre.

De la même manière, un vrai serviteur de Dieu doit entièrement obéir à la Parole. Il doit obéir complètement à Dieu et agir dans Sa volonté pour devenir un homme spirituel saint et sanctifié. Alors, il recevra la puissance de Dieu.

De même, malgré que vous ne soyez pas pasteur ou ministre, si vous suivez seulement complètement la volonté de Dieu, Dieu vous reconnaîtra en tant qu'apôtres spirituels. De telles personnes manifesteront les œuvres puissantes de Dieu. Deux exemples sont Philippe et Etienne.

Paul continue en disant, «Car Dieu, il me semble, a fait de nous, apôtres, les derniers des hommes, des condamnés à mort en quelque sorte, puisque nous avons été en spectacle au monde, aux anges et aux hommes.»

Aujourd'hui, quand un inculpé est exécuté, un peu de bonté lui est donnée en lui donnant des habits et des cigarettes et en lui demandant quel est son dernier souhait. Mais au temps des premières églises, ils maltraitaient et torturaient même les accusés qui étaient condamnés à mort. Les gens ne les traitaient pas humainement.

Ils en faisaient la proie de lions affamés, les méprisaient, crachaient sur eux et les lapidaient. Les apôtres étaient décapités ou crucifiés. D'autres étaient attachés à des corps en décomposition de sorte qu'ils finissaient par mourir en sentant l'odeur nauséabonde. La douleur et le regret devaient être grands.

Les apôtres connaissaient leur fin. Ils savaient qu'ils allaient mourir d'une mort misérable après avoir témoigné de la résurrection de Jésus-Christ. C'est pourquoi Paul a dit, «Dieu nous a exposé en tant qu'apôtres, derniers de tous, comme des hommes condamnés à mort, parce que nous avons été livrés en spectacle au monde, à la fois aux anges et aux hommes.»

Qui contrôle ce monde? C'est Dieu. Il le contrôle au travers de Ses anges. Ainsi, pas seulement Dieu, mais les anges savaient quand l'apôtre Paul et d'autres disciples seraient tués tandis qu'ils recevaient les moqueries et la malice.

Les gens se moquaient des apôtres en disant, «vous montrez des signes et des miracles, et pourquoi ne pouvez-vous pas vous sauver vous-mêmes de cette misère?» Paul est aussi devenu un spectacle du peuple quand il est mort.

Alors qu'ont ressenti Paul, Pierre et les autres apôtres avant leur mort?

Ils savaient comment ils allaient mourir. Pierre savait qu'il allait être crucifié à l'envers. Paul savait qu'il allait être livré aux Gentils s'il allait à Jérusalem. Mais il prit ce chemin sans peur parce qu'il savait que c'était la volonté de Dieu (Actes 21:7-14). Dieu a permis que cela soit relaté parce que l'état de pensée de ceux qui allaient être tués était important. Quel genre d'émotions auraient-ils eu en accomplissant l'œuvre de Dieu en sachant que cela pourrait leur apporter la mort?

Nous pouvons comprendre leurs cœurs au travers de la Bible. Ils ont rendu grâces et ont loué Dieu même lorsqu'ils étaient frappés. Ils sont devenus la proie des lions, et cependant, ils louaient Dieu et se réjouissaient. Ainsi, que signifie ce verset? Dans Matthieu 5:11-12, le Seigneur dit, *«Heureux serez-vous, lorsqu'on vous outragera, qu'on vous persécutera et qu'on dira faussement de vous toute sorte de mal, à cause de moi. Réjouissez-vous et soyez dans l'allégresse, parce que votre récompense sera grande dans les cieux; car c'est ainsi qu'on a persécuté les prophètes qui ont été avant vous.»*

Les apôtres savaient que ce monde était seulement momentané et inutile. Ils n'ont regardé qu'aux récompenses dans les cieux. C'est pourquoi ils pouvaient se réjouir et être heureux dans toutes les circonstances. C'est la foi. Comment ne pas nous réjouir lorsque nous pouvons recevoir plus de récompenses en étant persécutés pour le nom du Seigneur?

Mais les apôtres savaient où ils allaient être tués, ils étaient donc nerveux tandis que le temps passait. Ce n'est pas qu'ils avaient peur de la mort, mais ils étaient désespérés parce qu'ils voulaient sauver plus d'âmes dans cette période de temps limitée.

C'est pourquoi ils ont accompli leurs tâches avec toute leur vie pensant qu'ils devaient montrer le Dieu vivant aux gens. Ils devaient répandre l'évangile et sauver même une âme de plus.

Comment Jésus a-t-il agi? Hébreux 12:1-2 dit, «*Nous donc aussi, puisque nous sommes environnés d'une si grande nuée de témoins, rejetons tout fardeau, et le péché qui nous enveloppe si facilement, et courons avec persévérance dans la carrière qui nous est ouverte, ayant les regards sur Jésus, le chef et le consommateur de la foi, qui, en vue de la joie qui lui était réservée, a souffert la croix, méprisé l'ignominie, et s'est assis à la droite du trône de Dieu.*»

C'est une telle honte que le Fils de Dieu, Jésus a été méprisé et insulté par Ses créatures et a été crucifié par elles. Combien cela est-il honteux si le maître est frappé et insulté par ses propres esclaves?

Néanmoins, Jésus a volontairement pris la croix pour notre salut et est assis à la main droite du trône de Dieu. Nous devons aussi accomplir la volonté de Dieu sans penser à la honte que cela pourrait nous apporter.

Soyez Mes Imitateurs

«Nous sommes fous à cause de Christ; mais vous, vous êtes sages en Christ; nous sommes faibles, mais vous êtes forts. Vous êtes honorés, et nous sommes méprisés!» (4:10)

'Nous' se réfère ici à l'apôtre Paul, ses collègues ministres Apollos et les serviteurs de Dieu qui étaient reconnus par Dieu de la même manière. De plus, cela se réfère à tous ceux qui ont la foi de vivre selon la Parole de Dieu.

Alors, pourquoi Paul dit-il qu'il était un fou à cause de Christ?

Cela signifie qu'il paraissait fou aux yeux des incroyants ou de ceux qui étaient supposés être croyants mais ne vivaient pas selon la Parole de Dieu. Par exemple, les gens ordinaires se fâcheront si quelqu'un les frappe. Mais ceux qui ont la foi vont le supporter et essayeront de le comprendre malgré qu'ils soient innocents. C'est parce que la Parole de Dieu nous dit, lorsque nous sommes frappés sur la joue, de tendre l'autre joue. Nous semblons donc fous aux yeux des gens dans le monde lorsque nous vivons selon la Parole de Dieu.

Paul continue à enseigner les membres de l'église de Corinthe en disant, «Nous sommes fous à cause de Christ; mais vous, vous êtes sages en Christ;»

Si les membres de l'église de Corinthe avaient été capables de tendre la joue gauche lorsqu'ils étaient frappés sur la droite par quelqu'un, alors les gens du monde auraient dû les considérer comme fous.

Le verset suivant dit, «nous sommes faibles, mais vous êtes forts.» Les apôtres étaient faibles, c'est-à-dire ceux qui vivaient selon la Parole de Dieu étaient faibles, mais ceux qui ne vivaient pas dans la Parole de vérité étaient forts.

Paul montre que parce qu'ils ne vivaient pas dans la vérité, malgré qu'ils puissent tout faire de leurs propres forces, mais ils n'étaient que prétendument forts.

Considérons le cas de Jésus. Dans 2 Corinthiens 13:4, il est dit, *«Car il a été crucifié à cause de sa faiblesse, mais il vit par la puissance de Dieu; nous aussi, nous sommes faibles en lui, mais nous vivrons avec lui par la puissance de Dieu pour agir envers vous.»*

Jésus ouvrait les yeux des aveugles, faisait marcher les

paralytiques, purifiait les lépreux, faisait entendre les sourds et ressuscitait même les morts. De plus, il calmait le vent et les vagues avec Sa parole. C'était un homme très puissant.

Mais que signifie, «Il a été crucifié à cause de la faiblesse»?

Si Jésus avait montré Sa puissance, cela aurait été impossible pour quiconque de le crucifier. La nuit où il a été arrêté, Pierre a coupé l'oreille d'un serviteur du souverain sacrificateur avec son épée (Marc 14:47). Mais Jésus a dit, «arrête, plus de cela.» Et Il a touché son oreille et l'a guéri. Alors Jésus a rappelé à Pierre le fait qu'Il pouvait demander à Dieu et faire venir plus de douze légions d'anges (Matthieu 26:53).

Jésus aurait pu chasser ces gens immédiatement, si cela n'avait pas été la volonté de Dieu pour Lui d'être arrêté. Jésus avait la puissance, mais Il ne l'a pas utilisée pour Lui-même mais uniquement pour accomplir la volonté de Dieu.

Le Fils de Dieu, Jésus est une personne tellement puissante, mais Il est devenu faible en suivant la volonté de Dieu. C'était pour nous racheter des péchés. S'il était demeuré fort, personne n'aurait été capable de Le crucifier. Il est devenu faible selon la volonté de Dieu parce que nous ne pouvions atteindre le salut que s'Il nous rachetait de nos péchés au travers de Sa crucifixion.

Paul et les autres apôtres devaient être faibles pour sauver les âmes. Paul a dit, *«Moi-même j'étais auprès de vous dans un état de faiblesse, de crainte, et de grand tremblement;»*

(1 Corinthiens 2:3), et *«S'il faut se glorifier, c'est de ma faiblesse que je me glorifierai!»* (2 Corinthiens 11:30).

De quoi vous vanteriez-vous? Vous vanteriez-vous de votre force? J'espère que vous allez vous vanter de vos faiblesses dans le Seigneur. Si nous demeurons forts, nous deviendrons arrogants et révélerons notre attitude moralisatrice. Nous devons être faibles dans la vérité pour servir les autres humblement et considérer les autres comme meilleurs que nous. Nous devons devenir faibles parce que nous devons vaincre le mal par le bien.

Mais nous devons nous souvenir d'une chose. Même si quelqu'un nous frappe, nous devons comprendre cette personne et être capable de tendre l'autre joue. Nous ne devons rien tolérer qui disgracie Dieu.

Dans l'évangile de Jean 2:14-15, Jésus a trouvé des gens dans le temple qui vendaient des bœufs, des moutons et des pigeons. Il y avait aussi les changeurs d'argent assis à leurs tables. Jésus a fait un fouet avec des cordes et les a tous chassés du temple, avec les moutons et les bœufs, et il a bousculé les pièces des changeurs et il a retourné leurs tables.

Jésus est doux et Il est l'amour même, mais Il n'a pas accepté de disgracier Dieu en vendant et en achetant des choses dans le temple. C'est pourquoi nous devons correctement comprendre la vérité et ne rien accepter qui disgracie Dieu ou l'église, qui est le corps de Christ.

Paul continue à dire aux membres de l'église de Corinthe,

«... vous êtes distingués, mais vous êtes sans honneur.» Les apôtres en ce temps-là étaient en effet sans honneur ; ils étaient persécutés, parfois lapidés, frappés et méprisés.

Aujourd'hui c'est pareil pour les fidèles serviteurs de Dieu. Si nous montrons des signes et des miracles, l'ennemi diable ne restera pas calme. Il va essayer d'empêcher l'œuvre de Dieu.

Certains croyants deviennent aussi jaloux et ils perturbent et causent des divisions, parce qu'ils ne peuvent pas manifester de telles œuvres. Les serviteurs de Dieu ou les enfants de Dieu peuvent être placés dans des situations très misérables pour une variété de raisons, et il en était aussi ainsi du temps de Paul.

«Sont-ils ministres de Christ? -Je parle en homme qui extravague. -Je le suis plus encore: par les travaux, bien plus; par les coups, bien plus; par les emprisonnements, bien plus. Souvent en danger de mort, cinq fois j'ai reçu des Juifs quarante coups moins un, trois fois j'ai été battu de verges, une fois j'ai été lapidé, trois fois j'ai fait naufrage, j'ai passé un jour et une nuit dans l'abîme. Fréquemment en voyage, j'ai été en péril sur les fleuves, en péril de la part des brigands, en péril de la part de ceux de ma nation, en péril de la part des païens, en péril dans les villes, en péril dans les déserts, en péril sur la mer, en péril parmi les faux frères. J'ai été dans le travail et dans la peine, exposé à de nombreuses veilles, à la faim et à la soif, à des jeûnes multipliés, au froid et à la nudité.» (2

Corinthiens 11:23-27)

Généralement, ceux qui sont forts vont frapper les autres. Mais combien faible et doux était Paul? A cause de sa faiblesse il a été battu tant de fois et il a subi tant de souffrances et d'abus. Il a même été battu parce qu'il était sans honneur.

Paul avait faim, soif, froid et était sans vêtements, mais il a su supporter toutes ces choses. Il a dit que tout son souci était pour les églises.

> *«Et, sans parler d'autres choses, je suis assiégé chaque jour par les soucis que me donnent toutes les Églises. Qui est faible, que je ne sois faible? Qui vient à tomber, que je ne brûle? S'il faut se glorifier, c'est de ma faiblesse que je me glorifierai!» (2 Corinthiens 11:28-30)*

Paul se vantait de ses faiblesses. Nous devons aussi nous vanter de nos faiblesses pas de notre force.

> **«Jusqu'à cette heure, nous souffrons la faim, la soif, la nudité; nous sommes maltraités, errants çà et là; nous nous fatiguons à travailler de nos propres mains; injuriés, nous bénissons; persécutés, nous supportons; calomniés, nous parlons avec bonté; nous sommes devenus comme les balayures du monde, le rebut de tous, jusqu'à maintenant.» (4:11-13)**

«Etre affamé et assoiffé» a ici une signification spirituelle. Il ne s'agit pas de faim ou de soif physique, ils n'étaient pas affamés ni assoiffés parce que Dieu a failli à pourvoir pour eux.

Par exemple, il y a certains croyants qui sont affamés et assoiffés malgré qu'ils soient matériellement prospères. Ces croyants ne dépensent pas pour eux-mêmes, mais ils font de leur mieux pour donner à Dieu et pour son royaume, pour les œuvres missionnaires et la construction de l'église et ainsi de suite.

Paul prêchait pendant qu'il travaillait. En ce temps-là, l'évangile n'était pas du tout prêché et il devait établir des églises à une époque où les gens étaient mis à mort simplement pour le fait de croire en Jésus-Christ. Parce qu'il devait répandre l'évangile dans des endroits où ils ne connaissaient pas du tout Jésus-Christ, personne ne l'a accueilli.

C'est pourquoi l'apôtre Paul répandait l'évangile en gagnant sa vie en même temps. Mais quand on le rejetait, il bénissait et quand il était persécuté, il endurait.

Être 'insulté' signifie subir un abus verbal. La Bible nous dit de nous réjouir et d'être heureux quand nous sommes persécutés à cause du Seigneur (Matthieu 5:11-12).

Matthieu 5:44 dit, «*Mais moi, je vous dis: Aimez vos ennemis, bénissez ceux qui vous maudissent, faites du bien à ceux qui vous haïssent, et priez pour ceux qui vous maltraitent et qui vous persécutent.*» Nous devons donc aimer nos ennemis et prier pour ceux qui nous persécutent.

Le verset 13 dit, «... calomniés, nous parlons avec bonté;» cela veut dire que quand les autres nous calomnient, nous devrions, les conduire dans la compréhension avec de bonnes paroles. Nous ne devons pas les insulter, mais les aimer, les bénir et les aider à comprendre.

Alors nous aurons la paix, évitant toute oeuvre de Satan. Nous serons aussi en paix de sorte que nous puissions nous réjouir et rendre grâce. Nous ne devons pas être offensés ni devenir découragés par personne.

Lorsque les apôtres ont agi de cette manière, ils sont devenus comme la crasse du monde, la lie de toutes choses. Qu'est-ce que cela signifie?

Les gens font grandir des animaux domestiques ou des oiseaux avec beaucoup de soins en les nourrissant. Ceux qui aiment les fleurs et les plantes attrapent les vers, les arrosent et fertilisent le sol et arrachent les mauvaises herbes. Ils aiment ces plantes parce qu'elles apportent un peu de joie et de paix dans la pensée des gens.

Mais les apôtres étaient insultés, persécutés, maudits et frappé plutôt que de recevoir l'amour. Ils étaient traités comme la saleté et la lie de ce monde. Même les animaux et les plantes étaient aimés et soignés par les gens, mais les apôtres étaient traités comme des ordures.

Ils auraient dû être plus aimés parce qu'ils résolvaient des problèmes difficiles pour les gens. Ils prêchaient la Parole et guérissaient leurs maladies. Mais au lieu d'être appréciés, ils étaient frappés et condamnés comme hérétiques. Ils devaient constamment bouger pour échapper aux persécutions. C'est pourquoi Paul a dit qu'ils étaient comme de la saleté et la lie de la terre.

> «Ce n'est pas pour vous faire honte que j'écris ces choses; mais je vous avertis comme mes enfants bien-aimés. Car, quand vous auriez dix mille maîtres en Christ, vous n'avez cependant pas plusieurs pères, puisque c'est moi qui vous ai engendrés en Jésus-Christ par l'Évangile.» (4:14-15)

L'apôtre Paul explique maintenant la raison pour laquelle il a écrit cette lettre. Ce n'était pas pour faire honte aux croyants dans l'église de Corinthe, mais pour les exhorter eux ses enfants bien- aimés en tant que père spirituel.

Le verset 15 dit, «Car, quand vous auriez dix mille maîtres en Christ, vous n'avez cependant pas plusieurs pères, puisque c'est moi qui vous ai engendrés en Jésus-Christ par l'Évangile.»

Un 'père' nourrira ses enfants, deviendra leur gardien et les éduquera jusqu'à ce qu'ils grandissent. Il fournira à ses enfants toutes les nécessités de la vie. Étant donné qu'ils ne sont pas des 'pères' les enseignants ne sont responsables que pour l'enseignement.

De la même manière, de nos jours, il y a beaucoup d'enseignants dans l'église, mais pas beaucoup de pères. C'est-à-dire il y a de nombreux pasteurs pour enseigner la Parole de Dieu. Il n'y a cependant pas beaucoup de pères spirituels qui sont des hommes accomplis de vérité qui acceptent la responsabilité de planter la foi dans les croyants, les élever, les instruire dans les responsabilités et les conduire jusqu'à ce qu'ils deviennent des adultes spirituels.

L'apôtre Paul a dit, « Je suis devenu votre père par l'évangile. » Cela veut-il dire que Paul est devenu le père des croyants de l'église de Corinthe ? Oui, il est devenu le père des croyants de l'église de Corinthe parce qu'il leur a donné naissance au travers de l'évangile.

Un fœtus est formé lorsque le sperme et l'ovule se combinent. Alors, le fœtus reçoit les nutriments de la mère pour faire les os, les tendons, les yeux, le nez, la bouche, les cheveux et les mains et les pieds. La mère doit prendre soin de l'enfant pendant 9 mois tandis qu'il grandit. 'Donner naissance' ne concerne pas uniquement l' 'accouchement' mais c'est tout le processus qui est impliqué dans la croissance d'un enfant.

Alors, qu'est-ce que donner naissance au travers de l'évangile de Jésus-Christ ?

Lorsque nous acceptons Jésus-Christ et recevons le Saint-Esprit, nous recevons la semence de vie dans nos cœurs. Tout comme une semence tombée sur le sol germé, pousse avec des fleurs et finalement porte des fruits, la semence de vie déposée dans notre cœur commence à grandir.

Au travers de quelle espèce de processus les croyants passent-ils alors pour grandir ? Ceux qui viennent d'accepter le Seigneur et ont reçu le Saint-Esprit sont comme des bébés nouveau-nés. Ils n'ont qu'une mesure minimale de foi, mais leur foi va grandir au travers de la Parole de Dieu. Ils commencent maintenant à grandir pour obtenir la foi des petits enfants, puis celle de jeunes gens et finalement celle des pères (1 Jean 2:12-14).

Au début ils pourraient ne pas être capables de comprendre chaque parole de Dieu qu'ils entendent, mais ils comprennent graduellement la Parole. Ils la prennent comme leur pain spirituel et changent par la vérité.

Avant ce moment, leurs yeux ont vu et leurs oreilles ont entendu les choses du monde. Leurs mains ont fait des choses qui n'étaient pas bonnes. Mais maintenant, ils se réjouissent de voir, d'entendre et de faire les choses qui sont dans la vérité. Ils essayent de penser et de planifier de bonnes choses et de prononcer de bonnes paroles.

Qu'est-ce qui peut causer un tel changement? Ils comprennent la Parole de Dieu prêchée et cela change leurs vies. Des gens charnels deviennent spirituels et c'est cela le 'donner naissance' dont Paul parle.

Bien sûr, le seul Père des esprits est Dieu le Père. Nous pouvons cependant appeler ceux qui nous donnent naissance au travers de l'évangile 'pères spirituels'. C'est-à-dire que Dieu est notre Père originel, mais les serviteurs de Dieu qui nous donnent naissance au travers de l'évangile et nous conduisent pour grandir spirituellement peuvent aussi devenir nos pères spirituels. Mais bien sûr, les niveaux sont différents.

«Je vous en conjure donc, soyez mes imitateurs.»
(4:16)

Paul a dit dans 1 Corinthiens 11:1, *«Soyez mes imitateurs comme moi je suis imitateur de Christ.»* Il y a une condition dans son exhortation.

Si un père peut dire avec confiance qu'il a vécu une vie de succès et juste, alors comment voudriez-vous qu'il enseigne ses enfants? Il leur enseignera sûrement de suivre son exemple.

Mais supposons qu'un père n'a pas vraiment mené une vie exemplaire. Il est ivrogne et querelleur. Alors il devra sûrement enseigner à ses enfants de suivre l'exemple de quelqu'un d'autre qui est excellent.

L'apôtre Paul a conseillé aux croyants de Corinthe avec le cœur d'un père confiant, «Je vous en conjure donc, soyez mes imitateurs.» Il pouvait enseigner aux croyants de Corinthe avec de telles paroles parce qu'il suivait Jésus-Christ.

Ce verset signifie, «Aimez Dieu au plus haut point comme je L'aime, et soyez fidèles jusqu'à la mort comme je l'ai été.» Comment l'apôtre Paul a-t-il aimé Dieu?

Comme dans 2 Corinthiens 11, il est devenu fou pour Christ. Pour Christ, il est devenu faible et sans honneur, il était assoiffé, affamé, frappé et sans vêtements et quand il était persécuté, il a enduré et a prié pour les persécuteurs et quand il a été insulté, il les a bénis.

Paul a fait toutes ces choses dans la vérité. Il pouvait dire, «Soyez mes imitateurs» parce qu'il demeurait dans la Parole de

Dieu en aimant Christ et en ayant le caractère de Jésus-Christ.

C'est-à-dire si nous suivons Paul, cela signifie que nous suivons Jésus. Si nous suivons le caractère de Jésus, cela veut dire que nous avons le caractère de Dieu et de plus participons à Sa nature divine (2 Pierre 1:4).

C'est un peu similaire au cas dans lequel les disciples de Jésus Lui ont demandé de leur montrer Dieu. Jésus a répondu que ceux qui L'avaient vu avaient vu Dieu. C'est parce qu'en suivant uniquement la volonté de Dieu, Jésus ressemblait à Dieu. Nous pourrions aussi être capables de dire avec assurance aux autres d'être nos imitateurs en aimant Dieu et en vivant dans la vérité.

«Pour cela je vous ai envoyé Timothée, qui est mon enfant bien-aimé et fidèle dans le Seigneur; il vous rappellera quelles sont mes voies en Christ, quelle est la manière dont j'enseigne partout dans toutes les Églises.» (4:17)

Paul se réfère à Timothée en tant que son enfant bien-aimé dans le Seigneur, parce que Paul aimait beaucoup Timothée et l'a élevé dans la Parole de vérité. En retour, Timothée est devenu un homme très fidèle en suivant l'exemple de l'apôtre Paul et en vivant dans la vérité.

Paul a envoyé Timothée à sa place à Corinthe pour enseigner les croyants dans l'église ce qu'il avait enseigné dans toutes les églises, ce qui a été enseigné n'était pas différent, mais c'était pareil. Il a enseigné la même Parole de Dieu et le chemin de la croix. Il a témoigné de la résurrection de Jésus-Christ et a montré la preuve de la véracité de la Parole par ses œuvres.

Alors, que signifie, « il vous rappellera quelles sont mes voies en Christ, quelle est la manière dont j'enseigne partout dans toutes les Églises » ? Timothée a suivi l'exemple des œuvres de Paul et il a enseigné ce qu'il avait appris de Paul.

Par exemple, l'apôtre Paul n'a pas seulement enseigné qu'ils devaient prier et jeûner et crier pour recevoir la réponse de Dieu. Il pratiquait ce qu'il avait enseigné. Timothée faisait la même chose. Timothée ne se contenterait pas d'enseigner, mais il démontrait et pratiquait ce qu'il enseignait. Paul a aidé les pauvres et a encouragé ceux qui étaient dans les épreuves et difficultés. Timothée faisait la même chose, aidant les pauvres et encourageant les croyants dans les difficultés.

Ce que Timothée faisait était la même chose que ce que faisait Paul. C'est pourquoi, malgré que l'apôtre Paul n'était pas avec eux, lorsqu'ils voyaient les œuvres de Timothée, les croyants de l'église de Corinthe se souvenaient de Paul.

Puissance et Capacité au travers du Royaume de Dieu

«Quelques-uns se sont enflés d'orgueil, comme si je ne devais pas aller chez vous. Mais j'irai bientôt chez vous, si c'est la volonté du Seigneur, et je connaîtrai, non les paroles, mais la puissance de ceux qui se sont enflés.» (4:18-19)

L'apôtre Paul a établi une église à Corinthe et est parti pour un voyage missionnaire en Asie. Entretemps, certains croyants à Corinthe étaient devenus arrogants. Ils pensaient que Paul ne reviendrait jamais et eux-mêmes ont commencé à se comporter comme des rois. Ils ne respectaient pas ceux qui se trouvaient dans une position plus élevée dans l'église.

En fait, chacun devrait se rappeler cela parce que nous avons des cas similaires même aujourd'hui. L'arrogance peut grandir sans que nous ne nous en rendions compte. Quand cela devient plus sérieux, cela sera révélé pour que les autres le voient, mais la personne elle-même ne sera pas capable de le réaliser.

C'est pourquoi, nous devons toujours nous examiner nous-mêmes avec la Parole de Dieu. Celui qui a une position plus basse dans l'église devrait avoir du respect pour celle qui a une position plus élevée. Même les dirigeants ne doivent pas décider et tout faire indépendamment, comme ils le désirent.

Le verset 19 parle du cœur de Paul qui avait du souci pour le fait que les membres de l'église de Corinthe étaient devenus arrogants. Ils devenaient des obstacles pour le royaume de Dieu et le disgraciaient. Paul voulait les visiter immédiatement pour résoudre ce problème, mais ce n'était pas facile étant donné qu'il se trouvait à Ephèse.

Paul a très bien compris au travers de nombreuses expériences qu'il ne pouvait pas tout faire de sa propre volonté à moins que le Seigneur ne le permette. Lorsqu'il a voulu aller en Asie pour prêcher l'évangile, le Saint-Esprit l'a arrêté. Dans une vision, Paul avait vu un macédonien qui lui avait demandé de venir en Macédoine pour les aider. Il a alors changé sa route et est immédiatement allé vers l'Europe (Actes 16:6-10).

Tous les enfants de Dieu peuvent entendre la voix du Saint-Esprit dans la mesure où ils chassent les contrevérités de leurs cœurs et cultivent la vérité en eux. Alors, dès que nous entendons la voix du Saint-Esprit, nous devons la suivre plutôt que de suivre nos propres pensées.

Mais si nous essayons de prendre la décision selon nos pensées, théories et expériences même après avoir entendu la voix du Saint-Esprit, alors, Dieu ne peut pas nous conduire vers le succès. Dans ce cas, si nous réalisons immédiatement que nos voies ne sont pas la volonté de Dieu, nous nous repentons et nous nous détournons, nous pouvons éviter des tests et des épreuves parce que Dieu travaillera pour le bien de toutes choses.

Mais dans la plupart des cas, ceux qui n'entendent pas et n'obéissent pas à la voix du Saint-Esprit continueront à agir selon leurs propres idées et ils ne peuvent pas complètement accomplir leurs plans. Même lorsque le Saint-Esprit grogne en eux et qu'ils sentent l'affliction dans leurs cœurs, ils ne le considèrent pas sérieusement et continuent sur leur chemin. Alors, ils rencontreront des difficultés.

Paul continue en disant, «Mais j'irai bientôt chez vous, si c'est la volonté du Seigneur, et je connaîtrai, non les paroles, mais la puissance de ceux qui se sont enflés.» La 'puissance' ici est un peu différente de la puissance mentionnée dans le verset 20. Ici, «je connaitrai leur puissance» signifie que Paul voulait examiner leurs œuvres dans la vérité. Pour que nous puissions vivre selon la Parole de Dieu, nous devons recevoir la puissance de Dieu qui surpasse toutes choses de notre propre effort.

Je vous prie de penser au temps où vous avez accepté le Seigneur et avez reçu la grâce de Dieu. Après avoir accepté le Christ et avoir reçu le Saint-Esprit, nous commençons à apprendre la Parole de Dieu. Alors, nous nous décidons de vivre selon la Parole de Dieu, mais en fait nous ne pouvons pas facilement le faire. Nous avons le désir de suivre la Parole, mais nous n'en avons pas la force.

A ce moment, nous pouvons recevoir la grâce et la puissance d'en haut et pratiquer la Parole de vérité une par une, pas à pas si nous continuons à prier sans cesse. Mais si nous ne prions pas, nous ne pouvons pas recevoir la puissance d'en haut et ne pouvons donc pas pratiquer la Parole, malgré que nous ayons été chrétiens depuis longtemps.

Donc, pour conduire une vie bénie en gardant la Parole de Dieu, nous devons prier continuellement. Ce ne serait pas le cas où nous prions quand nous sommes remplis du Saint-Esprit et nous ne prions pas lorsque nous avons perdu la plénitude du Saint-Esprit. Nous ne devrions pas uniquement prier de tout notre cœur et sans cesse, mais nous devons faire de la prière une habitude.

Tout comme Jésus a suivi Son habitude pour prier, nous devons faire de même pour remplir le montant de nos prières. Tandis que nous augmentons le montant de nos prières, nous aurons plus de communication spirituelle avec Dieu. Alors notre âme prospérera et nous recevrons la puissance pour vivre selon la Parole.

«Car le royaume de Dieu ne consiste pas en paroles, mais en puissance.» (4:20)

La 'puissance' ici est un peu différente de la puissance dans le verset précédent. La puissance ici est celle qui est à un niveau plus élevé que celle du verset 19. Paul a dit que le royaume de Dieu ne consistait pas en paroles, mais en puissance. De nos jours, il y a beaucoup de conversations dans de nombreuses églises, mais le royaume de Dieu n'est pas en paroles mais en puissance et les paroles seules sont inutiles.

Les apôtres dans les premières églises n'avaient pas de bonnes capacités d'élocution. Pierre était à l'origine un pêcheur. Il n'avait pas la capacité de bien parler et il n'avait pas beaucoup de connaissances du monde, mais quand il a reçu la puissance d'en haut, il a persuadé trois mille hommes de se repentir en un seul jour. Paul n'avait pas de capacités oratoires, mais il avait la puissance de Dieu. Il a posé le fondement de l'évangélisation mondiale au milieu de situations difficiles dans les premières églises.

C'est pareil aujourd'hui. Le royaume de Dieu consiste seulement de puissance. Une excellente connaissance ou sagesse de ce monde ne peut pas sauver beaucoup d'âmes. Nous ne pouvons pas non plus élargir le royaume de Dieu avec des paroles de sagesse des hommes ni remporter la victoire dans le combat contre l'ennemi diable.

Nous avons vu auparavant dans 1 Corinthiens 2:4 que l'apôtre Paul a dit, *«et ma parole et ma prédication ne reposaient pas sur les discours persuasifs de la sagesse, mais sur une démonstration d'Esprit et de puissance.»* Il a gagné beaucoup de connaissances en étudiant sous Gamaliel, mais il considérait tout cela comme une perte et du déchet.

Ici quelle est cette 'puissance' qui peut planter la foi dans les gens, sauver les âmes et étendre le royaume de Dieu?

Premièrement, la puissance est de garder et pratiquer la Parole de Dieu dans les œuvres et la vérité lorsque nous acceptons Jésus-Christ, recevons le Saint-Esprit et prions devant Dieu.

Deuxièmement, c'est de porter du fruit tandis que nous continuons à pratiquer la Parole. Nous porterons les fruits du Saint-Esprit tandis que nous vivons selon la Parole de Dieu, et cela ne peur pas être fait comme nous le désirons, mais uniquement par la 'puissance' dans la foi.

Quand ces gens qui portent le fruit du Saint-Esprit prient avec foi pour recevoir plus de puissance. Dieu leur donnera la puissance et l'autorité d'en haut. C'est la puissance de la Parole et la puissance qui est accompagnée de signes et de prodiges.

Malgré que nous n'ayons pas de grandes capacités d'élocution, nous serons capables de prêcher la Parole qui pénètre même jusqu'à diviser l'âme et l'esprit ; les jointures et la moelle ; et change les cœurs si nous recevons la puissance de la Parole de la part de Dieu. Nous pouvons planter la foi en eux et les aider à vivre dans la Parole de Dieu.

Dans Jean 4:48, il est relaté, *«Jésus lui dit: Si vous ne voyez des miracles et des prodiges, vous ne croyez point.»*

Pour sauver les âmes, nous devons avoir non seulement la puissance de la Parole, mais aussi manifester les signes et les prodiges qui peuvent planter la foi dans les gens. Les gens croiront vraiment quand ils voient les signes et les prodiges et la preuve de ce que Dieu est avec eux. De cette manière, ils peuvent vaincre le monde et vivre selon la Parole de Dieu.

S'il n'y a pas de signes et de prodiges, il est difficile de posséder une vraie foi et de vivre selon la Parole. Cela ne peut produire que des 'touristes d'église' qui sont comme de la paille. Avec le développement de la science et de la technologie, nous sommes même dans un plus grand besoin de signes et de prodiges qu'auparavant, mais certaines personnes sont critiques à ce sujet quand nous disons que des signes et des prodiges se produisent.

Mais ceux qui ont des cœurs bons accepteront Jésus en tant que leur Sauveur personnel lorsqu'ils voient des signes et des prodiges. A la fois du temps de Jésus et maintenant, ce sont ceux qui n'ont pas de bons cœurs qui critiquent de telles étonnantes œuvres.

Dans le livre des Actes, nous trouvons qu'il se faisait de nombreux signes et prodiges par les mains des apôtres parmi le peuple, et le nombre de croyants dans le Seigneur augmentait continuellement (Actes 5:12-14). Aussi après la résurrection et l'ascension de Jésus-Christ, les disciples sont sortis et ont prêché partout, tandis que le Seigneur travaillait avec eux et confirmait la Parole par les signes qui l'accompagnaient (Marc 16:19-20).

Comme plus haut, le royaume de Dieu n'est pas en paroles mais en puissance. Lorsque la puissance est manifestée, la vraie foi est donnée aux gens et ils peuvent se tenir fermement sur la

Parole de vérité et mener une vie de victoires.

«Que voulez-vous? Que j'aille chez vous avec une verge, ou avec amour et dans un esprit de douceur?» (4:21)

Ici 'verge ' se réfère à la punition par les réprimandes. L'apôtre Paul avait l'autorité de punir certains des croyants de l'église de Corinthe, de les démettre de leurs fonctions ou de les chasser de l'église. C'est parce que c'est lui qui a établi l'église de Corinthe et leur a donné naissance au travers de l'évangile.

Malgré que Paul exerçait dans un autre endroit à ce moment-là, il pouvait toujours les punir ou les réprimander. Qu'en est-il de vous? Voulez-vous rencontrer le Dieu d'amour et de douceur ou le Dieu de punition? Nous ne devrions pas rencontrer Dieu dans une situation où Il doit nous punir!

Chapitre 5

LEÇONS SUR L'ADULTÈRE

— Comment Traiter l'immoralité Sexuelle

— Défaites-vous du Vieux Levain

— Ne vous Associez pas avec

  des gens immoraux

Comment Traiter l'immoralité Sexuelle

« On entend dire généralement qu'il y a parmi vous de l'impudicité, et une impudicité telle qu'elle ne se rencontre pas même chez les païens; c'est au point que l'un de vous a la femme de son père. Et vous êtes enflés d'orgueil! Et vous n'avez pas été plutôt dans l'affliction, afin que celui qui a commis cet acte fût ôté du milieu de vous!» (5:1-2)

L'apôtre Paul a entendu qu'il y avait de l'immoralité parmi les croyants à Corinthe. L'immoralité se réfère à l'immoralité sexuelle, l'obscénité et les actes indécents. Quel type d'immoralité y avait-il dans l'église de Corinthe pour que Paul dise, «... et une impudicité telle qu'elle ne se rencontre pas même chez les païens»?

Quelqu'un avait des relations sexuelles avec la femme de son père. Ici, le terme 'la femme de son père' se réfère à la mère adoptive ou la femme qui était la concubine du père de l'homme. Elle n'est pas la mère biologique, mais elle est malgré tout, dans un sens la 'mère' parce qu'elle est la femme du père. Étant donné que quelqu'un entretenait une relation avec elle, Paul a dit que de telles choses n'existaient même pas chez les Païens.

Nous avons aussi un tel type d'incident dans l'Ancien Testament. Ruben a eu une relation avec la concubine de son père et Jacob a entendu cela (Genèse 35:22). Lorsque Jacob était sur son lit de mort, il a appelé ses douze fils et a dit à Ruben, *«Impétueux comme les eaux, tu n'auras pas la prééminence! Car tu es monté sur la couche de ton père, Tu as souillé ma couche en y montant.»* (Genèse 49:4)

Bien sûr, de telles choses se produisaient parmi les Gentils. Mais Paul a dit qu'une telle chose n'existait pas même parmi les Gentils pour insister sur le fait qu'une telle chose ne devrait même pas exister parmi les membres de l'église.

Que se passe-t-il si une telle chose se produit à l'église? Ceux qui aiment Dieu et ont la foi vont naturellement pleurer sur le sujet. Ils vont prier et jeûner en disant, «Dieu, aie pitié de lui, et je te prie de pardonner à notre église de t'avoir disgracié.»

Mais les membres de l'église de Corinthe étaient arrogants et ils n'avaient même pas de remords. Ils ne faisaient rien à ce sujet pensant que cela n'avait rien à voir avec eux personnellement.

Paul a dit, «Vous êtes enflés d'orgueil.» L'arrogance est une attitude de supériorité manifestée d'une manière dominatrice avec des exigences présomptueuses et des assomptions qui montrent le mépris ou l'indifférence envers les autres. Ceux qui ont reçu le Saint-Esprit et connaissent la Parole de Dieu ne doivent pas agir avec arrogance.

Qu'est alors, l'arrogance spirituelle? Lorsque nous venons d'accepter le Seigneur et sommes remplis du Saint-Esprit, nous devenons tous humbles. Les nouveaux convertis, lorsqu'ils sont remplis de l'Esprit sont humbles avec tous et montrent leur reconnaissance. Ils comprennent même ceux qui ne leur parlent pas d'une manière polie et douce. Ils trouvent que tous sont charmants et agréables.

Lorsque les gens sont remplis du Saint-Esprit au commencement, ils deviennent humbles et ils pleureraient s'ils voient quelque chose qui disgracie Dieu. Mais quand ils croient qu'ils sont plus ou moins sur le rocher de la foi, certaines personnes commencent à penser qu'elles sont meilleures que les autres juste parce qu'ils prient beaucoup et connaissent bien la Parole de Dieu.

Comme ils deviennent de plus en plus arrogants, leurs actes en accord avec la vérité diminuent. Ils ne réalisent pas le grognement du Saint-Esprit en eux. Même quand les autres disgracient Dieu ou commettent des péchés, ils ne le considèrent pas avec un brisement de cœur. Quand un frère dans la foi commet des péchés, ils pensent que c'est l'affaire d'un autre. Ils n'ont aucune considération pour lui mais au contraire lui donnent jugement et critiques. Si nous n'avons pas d'arrogance, nous penserons à toutes les choses de l'église comme étant les nôtres. Et donc, si un frère dans la foi pèche, nous allons pleurer en déchirant notre cœur comme si c'est nous-mêmes qui avions commis le péché.

Comme les membres de l'église de Corinthe sont devenus arrogants, ils ne pleuraient pas sur les choses disgracieuses qui se passaient dans l'église et ils ne faisaient rien non plus à ce sujet. Ils pensaient seulement, «si tu veux tomber dans la destruction avec tes péchés, c'est ton affaire. Pour moi c'est suffisant de vivre dans la vérité.»

> «Pour moi, absent de corps, mais présent d'esprit, j'ai déjà jugé, comme si j'étais présent, celui qui a commis un tel acte.» (5:3)

L'apôtre Paul dit qu'il «était absent de corps mais présent en esprit» avec l'église de Corinthe. C'est pourquoi, spirituellement, il avait déjà jugé l'homme qui avait pris la femme de son père. Les actes de cette personne qui avait commis un tel péché ne doivent pas du tout être acceptés. Paul avait déjà jugé que le cœur de cette personne était tellement endurci qu'elle devait être abandonnée par Dieu.

Maintenant, l'apôtre Paul leur donnait instruction sur ce qu'ils devaient faire avant de faire face à la colère de Dieu. C'est-à-dire, étant donné que cet homme avait un tel cœur qu'il ne voulait pas se repentir ni se détourner du tout, ils devaient le chasser de l'église.

Certains pourraient se demander, «Si la Bible nous enseigne de ne juger personne, pourquoi Paul juge-t-il quelqu'un dans ce cas?» Bien sûr, selon la Parole de Dieu nous ne devons juger personne, mais il y a des personnes qui ont la qualification pour faire cela.

Matthieu 7:5 dit, «*Hypocrite, ôte premièrement la poutre de ton oeil, et alors tu verras comment ôter la paille de l'oeil de ton frère.*»

Ceux qui ont 'retiré la poutre de leurs yeux' c'est-à-dire ceux qui vivent complètement selon la Parole de vérité sont capables de voir clairement les pailles des autres frères. Seuls ces hommes spirituels qui ont chassé toute forme de mal ont la qualification de juger les autres. L'apôtre Paul était un tel homme.

C'est pourquoi, nous ne devons pas nous méprendre sur ce verset et penser que nous pouvons aussi juger les autres comme Paul l'a fait. Avant que nous ne jugions les autres, nous devons d'abord nous examiner complètement, chasser toute forme de mal et vivre selon la Parole.

Seuls ces hommes spirituels qui sont humbles, remplis d'amour et capables de pleurer sur les autres, et qui aiment Dieu au plus haut point ont atteint les exigences pour juger les autres.

«Au nom du Seigneur Jésus, vous et mon esprit étant assemblés avec la puissance de notre Seigneur Jésus, qu'un tel homme soit livré à Satan pour la destruction de la chair, afin que l'esprit soit sauvé au jour du Seigneur Jésus.» (5:4-5)

L'apôtre Paul était dans un niveau spirituel profond, et quand il écrivait ces livres du Nouveau Testament, il avait aussi une continuelle inspiration du Saint-Esprit. Les versets 4 et 5 contiennent des significations profondes avec des significations spirituelles également.

Nous voyons certains passages de la Bible qui sont difficiles à interpréter. Nous ne pouvons pas comprendre la propre signification de tels passages jusqu'à ce que Dieu leur explique au travers du Saint-Esprit. De nos jours beaucoup de gens interprètent ces paroles et passages littéralement. En agissant ainsi, ils croient qu'ils peuvent être sauvés malgré qu'ils commettent consciemment des péchés. Quelle est alors la signification spirituelle contenue dans les versets 4 et 5?

Si nous interprétons littéralement ce passage, nous pourrions penser, «Lorsque nous péchons pour ce moment de la vie, nous serons livrés à Satan pour traverser une sorte de test de rétribution. Cependant, si nous nous repentons et nous détournons, seule notre chair sera détruite et notre esprit recevra le salut lorsque le Seigneur reviendra.»

Mais Apocalypse 3:5 dit, *«Celui qui vaincra sera revêtu ainsi de vêtements blancs; je n'effacerai point son nom du livre de vie, et je confesserai son nom devant mon Père et devant ses anges.»* Le Seigneur dit qu'il ne retirera pas son nom du Livre de Vie s'il vainc. En d'autres termes, s'il ne vainc pas, le Seigneur ôtera son nom du livre de vie. De plus, nous comprenons aussi que le Saint-Esprit peut être attristé comme il est écrit dans 1 Thessaloniciens 5:19, *«n'attristez pas l'Esprit.»*

Nous apprenons aussi de la Bible qu'il y a des péchés qui peuvent être pardonnés et d'autres qui ne peuvent pas être pardonnés. Ceux qui blasphèment ou parlent et agissent contre le Saint-Esprit, ou ceux qui ont goûté à la grâce du ciel et retournent dans le monde et la corruption ne peuvent pas être sauvés. Dieu ne leur donnera pas l'esprit de repentance et leurs péchés ne peuvent pas être pardonnés (Hébreux chapitres 6 et 10). Ainsi, il ne devrait pas y avoir de malentendu à propos de notre salut.

Ensuite, l'apôtre Paul dit, «Lorsque vous êtes assemblés, je suis avec vous en esprit avec la puissance de notre Seigneur Jésus.» Cela veut dire qu'avant que nous ne décidions quoi que ce soit qui concerne Dieu, nous devons nous réunir dans le nom de Jésus-Christ et décider que faire en Son nom. Malgré que nos idées semblent justes, elles sont fausses si elles ne sont pas en accord avec la Parole de Dieu. Seule la vérité de Dieu est vraie et c'est uniquement juste lorsque nous décidons quelque chose dans la vérité de Dieu.

Donc, le verset 5 signifie que l'apôtre Paul et les membres de l'église de Corinthe sont réunis en esprit sous le nom du Seigneur Jésus et par la puissance du Seigneur Jésus. Ils ont chassé de l'église la personne qui avait montré une immoralité sans repentance. Dieu nous dit d'aimer nos ennemis, alors pourquoi l'ont-ils expulsé de l'église? Avoir une telle relation immorale avec la femme de son père n'existait pas, même chez les Gentils. Cela ne pouvait donc jamais être acceptée dans l'église.

Quelqu'un qui ne connait pas la Parole de Dieu peut commettre des péchés. Mais si quelqu'un qui connait la Parole de Dieu commet un tel péché, il ne peut être pardonné, car une telle personne a une dureté de cœur qui l'empêche de se repentir de ses péchés. Si un tel genre de personne est présent dans l'église, il aura une influence négative sur les membres de l'église. Ils pourraient aussi penser qu'un tel type de personne peut aussi être pardonnée et commettre eux-mêmes des péchés.

Lorsqu'il a entendu qu'il y avait une telle immoralité dans l'église de Corinthe, l'apôtre Paul a compris que la nouvelle était correcte. La Bible nous dit d'avoir deux ou trois témoins pour témoigner des péchés de quelqu'un. (Deutéronome 19:15).

Nous ne pouvons accuser quelqu'un rien qu'en entendant un seul témoin, parce qu'il y a des faux témoins. Nous devons avoir au moins deux ou trois témoins.

L'apôtre Paul aussi n'écoutait pas une seule personne mais confirmait la chose en entendant d'un certain nombre de personnes. Ce n'est qu'après cela qu'il leur a transmis son message en leur demandant d'ôter ce pécheur de l'église parce que cet homme n'allait pas se repentir et ne serait pas pardonné.

Alors, les membres de l'église de Corinthe ont tenu une réunion et ont chassé de l'église la personne qui avait commis une telle immoralité, pensant que la volonté de l'apôtre Paul était la même que la volonté de Dieu.

Si quelqu'un est légalement renvoyé d'une église, il sera rapidement capturé par Satan. C'est parce que Matthieu 18:18 dit, *«Je vous le dis en vérité, tout ce que vous lierez sur la terre sera lié dans le ciel, et tout ce que vous délierez sur la terre sera délié dans le ciel.»*

Comme l'église avait décidé d'éloigner cette personne qui avait commis un tel acte immoral, il a été abandonné par Dieu et livré à Satan.

Bien sûr, cela ne veut pas dire que tous ceux qui sont chassés de l'église sont abandonnés à jamais. Supposons que quelqu'un a commis un péché, qui peut être pardonné et duquel il peut se repentir et se détourner. Mais l'église commet une erreur dans sa décision et le chasse. Dans un tel cas, Dieu ne l'abandonnera pas.

Dieu nous a promis qu'il nous pardonnerait même 'soixante-dix fois sept fois' si nous nous repentons et nous détournons (Matthieu 18:22). Il a aussi dit dans le Psaume 103:12, *«Autant l'orient est éloigné de l'occident, autant il éloigne de nous nos transgressions.»*

C'est pourquoi, quand quelqu'un commet un péché, l'église devrait le comprendre, lui pardonner et prier pour lui pour qu'il puisse se repentir et se détourner de ses péchés.

La Chair se Réfère aux Natures Pécheresses

Le verset 5 dit, «qu'un tel homme soit livré à Satan pour la destruction de la chair, afin que l'esprit soit sauvé au jour du

Seigneur Jésus.» Qu'est ce que cela signifie? La première partie concerne le fait qu'ils ont chassé la personne qui a commis l'immoralité et la dernière partie est le message pour les enfants de Dieu, qui ne concerne pas la personne qui a agi de manière immorale.

C'est pourquoi, nous ne devons pas relier la dernière partie avec la première partie du verset. C'est-à-dire, dire que Paul a livré à Satan la personne qui avait pris la femme de son père signifie qu'il voulait sauver l'esprit des croyants de l'église de Corinthe lors de la Seconde Venue du Seigneur, même en mettant à mort leur chair.

Lorsque la nature pécheresse, qui vient dans l'homme au travers de l'ennemi diable est combinée avec le corps, le résultat est appelé 'chair'. Paul a livré la personne qui avait commis l'immoralité à Satan de manière à permettre aux croyants de l'église de Corinthe de chasser complètement leurs natures pécheresses et de recevoir un 'salut complet' en devenant des hommes complètement spirituels.

Si une telle personne n'avait pas été chassée de l'église, d'autres croyants auraient commis des péchés similaires et éventuellement ils seraient arrivés à un point où ils ne recevraient pas leur salut. Donc, dans ce type de cas, l'église doit renvoyer une telle personne de sorte que les autres membres de l'église puissent réaliser qu'ils pourraient être chassés de l'église s'ils commettent de tels péchés.

Défaites-vous du Vieux Levain

**«C'est bien à tort que vous vous glorifiez. Ne savez-vous pas qu'un peu de levain fait lever toute la pâte?»
(5:6)**

Paul dit, «c'est à tort que vous vous glorifiez.» De quoi se sont-ils glorifiés?

Nous avons vu que les croyants de Corinthe ne pleuraient pas quand l'un d'entre eux avait grandement disgracié Dieu avec l'immoralité sexuelle. Paul a dit que c'était quelque chose d'arrogant. Mais cependant, ils ont prié Dieu en disant, «Dieu, il a commis un péché qui n'existe même pas chez les Gentils, et je te remercie de ce que je t'aime et que je n'ai pas commis un tel péché selon Ta Parole.»

Maintenant, quelle est la raison pour laquelle Paul les a réprimandés en disant «Votre arrogance est trop grande».

Premièrement, c'est parce que nous n'avons rien sur cette terre de quoi nous pourrions nous glorifier.

Nos vies ne sont que transitoires et nos corps retourneront à une poignée de poussière après la mort. Jacques 4:14-16 dit, *«Vous qui ne savez pas ce qui arrivera demain! car, qu'est-ce que votre vie? Vous êtes une vapeur qui paraît pour un peu de temps, et qui ensuite disparaît. Vous devriez dire, au contraire: Si Dieu le veut, nous vivrons, et nous ferons ceci ou cela. Mais maintenant vous vous glorifiez dans vos pensées orgueilleuses. C'est chose mauvaise que de se glorifier de la sorte.»*

Même si nous ne péchons pas du tout et vivons selon la Parole de Dieu, nous ne pouvons nous glorifier non plus d'être sans péché. Cela n'est possible que par la puissance de Dieu, pas par nos propres forces.

Mais les croyants de l'église de Corinthe n'avaient même pas chassé une personne qui était immorale, mais ils se glorifiaient comme s'ils étaient saints, parce qu'ils étaient arrogants. Paul dit que ce n'est pas bien parce qu'ils se glorifiaient en voyant la gloire de Dieu endommagée.

Deuxièmement, c'est parce qu'un peu de levain fait lever toute la pâte.

Ici 'levain' se réfère spirituellement aux péchés. La Bible parle de nombreuses sortes de péchés tels que la haine, l'envie, les querelles, et ainsi de suite. Comparer l'immoralité avec un peu de levain ne signifie pas que le péché était léger. Cela signifie que l'immoralité était une partie de nombreuses espèces de péchés.

'Toute la pâte' signifie toute la congrégation de l'église de Corinthe. Lorsque Paul a dit, «Ne savez-vous pas qu'un peu de levain fait lever toute la pâte?» il voulait dire que les croyants de Corinthe se glorifiaient maintenant de ce qu'ils vivaient dans la vérité en critiquant la personne qui avait péché, mais en fait, ils recevraient les œuvres de Satan de la même manière où ils avaient accepté cette personne. C'est pourquoi Paul disait que leur vantardise n'était pas bonne.

Il y a certaines personnes qui ne peuvent pas garder leurs cœurs à cause de l'environnement qui les entoure.

Ces enfants qui voient leur père boire chaque jour et vivre à la poursuite des plaisirs de la vie pensent généralement qu'ils ne vont pas suivre le sentier de leur père. Mais cependant, dans de nombreux cas, ils font la même chose ou même pire quand ils grandissent.

Les membres de l'église de Corinthe pouvaient aussi être tentés et commette des péchés s'ils acceptaient la personne qui avait péché. Il aurait pu tomber dans des nivaux plus profonds de péchés s'ils commençaient à penser, «Si un péché tellement grave a été négligé, alors un petit péché doit être OK.»

Donc, si une personne commet des péchés, nous devons rapidement prendre soin de cette chose. Si nous la laissons, seul un peu de levain fait lever toute la pâte, le nombre de pécheurs va grandir dramatiquement et toute l'assemblée deviendra corrompue.

> «Faites disparaître le vieux levain, afin que vous soyez une pâte nouvelle, puisque vous êtes sans levain, car Christ, notre Pâque, a été immolé.» (5:7)

L'apôtre Paul a donné conseil aux croyants de l'église de Corinthe en disant qu'ils étaient sans levain, parce qu'ils avaient accepté Jésus-Christ et étaient pardonnés de leurs péchés. Ici, 'sans levain' signifie 'les enfants de Dieu qui sont sans péchés.'

Même si nous acceptons Jésus-Christ et recevons le pardon des péchés, nous devons nettoyer le vieux levain pour devenir complètement une nouvelle personne. Ici, 'vieux levain' se réfère à toutes espèces de péchés et de mal, les pensées qui sont contre la vérité, et les mauvaises habitudes. Paul dit que nous devons nettoyer ce vieux levain pour devenir une nouvelle personne.

Paul a continué en disant, «car Christ, notre Pâque, a été immolé.» La Pâque est la fête pour se rappeler que Dieu a sauvé les enfants d'Israël lorsqu'Il a répandu la plaie de la mort de tous les premiers nés d'Egypte (Exode 12:12). Les enfants d'Israël ont tué un agneau, ont mis son sang sur les linteaux et le cadre des portes, et ont mangé la viande rapidement avec des herbes amères et du pain sans levain dans la maison pour éviter la plaie.

L'agneau se réfère à Jésus-Christ et le sang est le précieux sang du Seigneur. Donc, dire 'car Christ notre Pâque' signifie que Jésus-Christ est devenu pour nous le sacrifice perpétuel pour nous sauver.

Jésus-Christ s'est sacrifié Lui-même sur la croix pour nous racheter des péchés, et nous ne pouvons pas être sauvés si nous continuons à vivre dans les péchés. C'est la raison pour laquelle ils devaient écarter de l'église la personne qui avait volontairement commis des actes d'immoralité sexuelle.

«Célébrons donc la fête, non avec du vieux levain, non avec un levain de malice et de méchanceté, mais avec les pains sans levain de la pureté et de la vérité.» (5:8)

'Fête' se réfère ici à la Pâque. Et aujourd'hui, nous perpétrons la signification spirituelle de la Pâque avec la célébration de pâques. C'est le jour où nous célébrons le fait que Jésus a versé Son sang sur la croix et a ensuite brisé l'autorité de la mort au travers de Sa résurrection. Jésus-Christ est le maître du Sabbat et 'fête' se réfère aussi à tous les Dimanches, et pas seulement à Pâques (Matthieu 12:8).

Lorsque nous observons de tels faits, nous devons chasser le vieux levain et un cœur mauvais et vivre une vie sanctifiée et sainte. Alors, nous devons adorer en esprit et en vérité. (Jean 4:24).

Malice est l'intention de commettre un acte illégal ou de causer du mal sans justification légale ni excuse. La méchanceté est quelque chose de moralement très mauvais, étant rempli de péchés. Avant que nous n'adorions Dieu, nous devons d'abord nous examiner nous-mêmes si nous avons commis un quelconque péché. Si c'est le cas, nous devons nous en repentir d'abord et ainsi nous aurons un cœur correct pour adorer.

Les péchés de malice sont les péchés qui ne sont pas acceptables. Nous voyons parfois ceux qui commettent de tels péchés. Mais s'ils se repentent sincèrement et qu'ils se détournent, Dieu aura miséricorde d'eux et les changera en des personnes fidèles et vraies.

Alors Paul a dit, «Célébrons la fête... mais avec le pain sans levain de la sincérité et de la vérité.» Jésus a dit, *«Je suis le pain de vie.» Et «Je suis le pain vivant qui est descendu du ciel»* (Jean 6:48-51).

Il explique que nous pouvons aller sur le chemin de la vie éternelle lorsque nous offrons à Dieu un sacrifice vivant en esprit et en vérité, avec un cœur pur et vrai après nous être nettoyé du vieux levain.

Ne vous associez pas avec des gens immoraux

«Je vous ai écrit dans ma lettre de ne pas avoir des
relations avec les impudiques, - non pas d'une manière
absolue avec les impudiques de ce monde, ou avec
les cupides et les ravisseurs, ou avec les idolâtres;
autrement, il vous faudrait sortir du monde.» (5:9-10)

Paul a écrit le même type de lettre et l'a envoyé à de
nombreuses autres églises. Il a conseillé d'autres membres
d'églises de ne pas s'associer avec des gens immoraux. Nous
devrions comprendre quel genre d'attitude les églises devraient
présenter à ceux qui sont sexuellement immoraux dans l'église.

Paul conseille les croyants dans 2 Thessaloniciens 3:6, *«nous
vous recommandons, frères, au nom de notre Seigneur Jésus-
Christ, de vous éloigner de tout frère qui vit dans le désordre,
et non selon les instructions que vous avez reçues de nous.»*
et il continue aux versets 14-15, *«Et si quelqu'un n'obéit pas*

à ce que nous disons par cette lettre, notez-le, et n'ayez point de communication avec lui, afin qu'il éprouve de la honte. Ne le regardez pas comme un ennemi, mais avertissez-le comme un frère.»

Toutes les paroles écrites dans les lettres sont les Paroles de Dieu. Ainsi Paul leur dit de ne pas s'associer avec ceux qui ont désobéi à ces paroles. Alors, ils ne seront pas dans la honte.

Si ceux qui sont mis dans la honte n'ont qu'un peu de foi, ils se repentiront et essayeront de revenir dans les liens de frères dans la foi, réalisant que les autres frères s'écartent d'eux à cause de leurs péchés.

Au contraire, s'ils n'ont pas une telle foi, ils vont quitter l'église en pensant qu'il y a beaucoup d'autres églises. Mais ceux qui croient vraiment en Dieu n'agiront pas de cette manière.

C'est pourquoi, dire, «surveillez ce frère et ne vous associez pas avec lui de sorte qu'il soit mis à la honte,» était une manière d'amener les pécheurs à la repentance, pas de les haïr. Gardez en mémoire que pendant que les membres de l'église s'écartent de lui, un de ses plus proches amis doit lui conseiller de se détourner de ses péchés.

Parlons maintenant des types d'immoralités sexuelles qui existent.

Premièrement, c'est l'immoralité physique

Si une personne mariée a une relation sexuelle avec

quelqu'un d'autre que son époux ou son épouse, ou si des gens qui ne sont pas mariés ont des relations sexuelles, ces actes sont des 'immoralités'.

Ce sont des péchés devant Dieu. Mais il peut y avoir certains couples mariés qui n'ont pas pu avoir de cérémonie de mariage pour diverses raisons et nous ne disons pas qu'ils ont péché parce qu'ils sont reconnus comme mari et femme par les autres aussi. Mais, bien sûr, c'est mieux pour eux d'avoir une cérémonie de mariage pour avoir une reconnaissance officielle de leur mariage.

Deuxièmement, il y a l'adultère spirituel

Dieu nous a donné la vie. C'est aussi Dieu qui a donné la semence de l'homme et l'ovule de la femme. Il a donné naissance à notre esprit et il est notre Père qui nous conduit sur le chemin de la vie éternelle et qui demeurera éternellement avec nous dans le royaume des cieux.

C'est pourquoi, c'est la tâche des enfants de Dieu d'aimer Dieu d'abord. Mais s'ils aiment quelque chose/quelqu'un plus que Dieu, c'est de l'adultère spirituel.

Par exemple, si quelqu'un aime ses parents, sa femme ou ses enfants ou la réputation, la prospérité, la puissance sociale, la connaissance, l'argent ou les plaisirs mondains plus que Dieu, c'est de l'immoralité spirituelle.

Troisièmement, il y a l'adultère commis dans le cœur

Jésus a dit dans Matthieu 5:27-28, «*Vous avez appris qu'il a été dit: Tu ne commettras point d'adultère. Mais moi, je vous dis que quiconque regarde une femme pour la convoiter a déjà commis un adultère avec elle dans son coeur.*»

Dans l'Ancien Testament ce n'était considéré comme un péché que si c'était commis en actes. Mais dans le Nouveau Testament, pourquoi est-ce considéré comme péché même si c'est uniquement dans le cœur?

Au temps de l'Ancien Testament, ils devaient surmonter les péchés avec leurs propres forces, et c'est pourquoi, il n'y avait pas de péché à moins qu'il ne soit commis dans les actes. Mais dans le Nouveau Testament, nous pouvons contrôler notre cœur avec l'aide du Saint-Esprit et donc, non seulement nos actes, mais aussi le fait d'avoir des pensées pécheresses est considéré comme péché.

Parce que le Saint-Esprit demeure en nous, nous pouvons recevoir la force d'en haut au travers de nos prières et nous pouvons contrôler notre cœur et chasser les péchés avec cette force. C'est-à-dire que nous pouvons circoncire notre cœur. De la sorte, nous pouvons avoir des cœurs propres et purs.

Au temps de l'Ancien Testament, ils ne devaient avoir que de saints actes, mais au temps du Nouveau Testament, nous devons avoir la sainteté du cœur. Dieu dit que nous sommes toujours pécheurs quand notre cœur est sale même si nous avons des actes saints vu de l'extérieur.

Comment pouvons-nous chasser une pensée adultère?

Si nous croyons dans la puissance de Dieu et prions sincèrement, le Saint-Esprit va enlever notre désir de commettre l'adultère dans notre cœur, et finalement, nous ne connaîtrons plus d'agitation dans le cœur. Voici les étapes pour chasser une pensée adultère.

Première étape, c'est le niveau où, par des prières ferventes, nous bloquons la pensée adultère qui nous vient dans le cœur au travers des pensées.

Même une femme qui a un mari peut commettre l'adultère dans son cœur quand elle voit un bel homme. Un homme qui a une femme peut commettre l'adultère dans son cœur quand il voit une belle femme, la photo d'une femme nue ou une situation adultère.

Malgré qu'ils ne commettent pas l'adultère dans les actes, que doivent-ils faire quand de telles pensées leur viennent à l'esprit? Ils doivent croire dans la puissance de Dieu et prier continuellement et avec instance. Ils seront finalement en mesure de bloquer de telles pensées s'ils continuent à prier, «Dieu, donne- moi la force de sorte que je n'aie pas de pensées adultères dans mon esprit. Permets-moi de contrôler et de bloquer mes pensées.»

Bien sûr, prier n'est pas tout, ils doivent essayer de ne plus avoir de telles pensées adultères. Nous serons finalement capables de contrôler nos pensées au travers de la grâce de Dieu et l'aide du Saint-Esprit lorsque nous demandons la force de Dieu de cette manière.

La deuxième étape concerne le niveau où nous sommes capables d'avoir le contrôle sur notre cœur.

À ce niveau, même si nous voyons une scène adultère, nous n'aurons tout d'abord aucune pensée adultère si nous nous décidons de ne plus avoir de telles pensées. Étant donné que nous n'avons pas de pensées adultères, nous n'aurons pas un cœur adultère. L'adultère du cœur nous vient au travers des pensées avec les sentiments. Mais lorsque nous les bloquons, les pensées pécheresses ne peuvent nous atteindre.

La troisième étape est le niveau où nous n'avons plus de pensées de la sorte et cela peu importe ce que nous voyons.

À ce niveau, nous n'avons ni agitation des pensées, ni de l'esprit, peu importe combien adultère ou sensuelle une scène peut être. Nous n'avons donc plus de pensée adultère. Dans un métro bondé ou un bus, nous pourrions avoir des contacts avec d'autres personnes non intentionnellement. Mais même dans ces occasions, nous n'aurons aucune pensée adultère. C'est le niveau auquel l'adultère n'a plus rien à voir avec nous.

La quatrième étape est le niveau où nous ne pouvons plus penser à de telles choses même si nous le voulions.

À ce niveau, nous ne pouvons plus avoir de pensées adultères même si nous essayons. Nous sommes toujours remplis du

Saint-Esprit étant donné que nous n'avons plus aucune pensée de cette espèce.

Distancez-vous du monde

Le verset 10 dit, «non pas d'une manière absolue avec les impudiques de ce monde, ou avec les cupides et les ravisseurs, ou avec les idolâtres; autrement, il vous faudrait sortir du monde.» Paul dit qu'ils ne doivent pas se distancer de tous les gens mondains qui étaient impudiques, cupides et ravisseurs ou idolâtres, simplement parce qu'ils n'ont pas vécu selon la parole de Dieu.

Si on ne devait pas s'associer avec de telles personnes mondaines, on aurait dû disparaître de ce monde, c'est-à-dire qu'il n'y aurait plus que le Ciel et l'Enfer. Nous devons vivre et travailler avec des gens mondains pendant que nous vivons dans ce monde, donc, nous ne pouvons que les amener à Christ.

Bien sûr, il y a des temps où ne devons pas nous associer avec eux, malgré que nous vivions dans ce monde. Supposons que les adultères, les cupides, les ravisseurs et les idolâtres sont nos collègues ou amis.

Nous pouvons avoir de l'amitié avec eux et leur parler pour leur faire connaître Dieu. Mais si nous sommes sur le point d'être souillés par leurs actes adultères, leurs escroqueries ou leur idolâtrie, nous devons nous éloigner d'eux à ce moment. De cette manière, nous ne les suivrons pas à faire des choses injustes.

Supposons que votre enfant ait certains amis qui le conduisent dans des chemins illégaux. Alors vous souhaiteriez que votre enfant se sépare d'eux. De la même manière, Dieu nous demande de ne pas nous associer avec de telles personnes, s'il y a une chance pour nous de suivre leurs actes pécheurs.

Qu'en est-il si un de vos collègues ou amis vous demande d'aller avec lui dans un endroit obscène ou perdu? Le suivriez-vous parce qu'il est votre ami? Normalement nous devrions refuser une telle requête. Si vous ne pouvez pas le faire se détourner des péchés, vous devrez aussi vous éloigner de lui.

Mais si nous sommes capables de garder notre cœur et nos pensées tandis que nous nous tenons sur le rocher de la foi, et ne serons tentés par rien, alors, nous ne devons pas réellement nous éloigner de ces gens.

Être avare c'est être cupide. Chaque acte qui va au-delà de la place de quelqu'un est un acte de cupidité. Par exemple, une personne visite un voisin et voit quelque chose de bon qu'il voudrait aussi. Malgré qu'il doive pratiquer une stricte contrainte financière, il l'achètera de toute manière pour lui-même. Un autre exemple est une personne qui ne peut s'arrêter de manger malgré qu'il soit déjà plein.

Escroquer est d'obtenir de l'argent ou une propriété par fraude ou tromperie. Cela inclut de faux prêts, prendre les choses par la force, et essayer de gagner un maximum après avoir investi un minimum.

L'idolâtrie est de faire des images d'hommes, de femmes

d'animaux ou de corps célestes avec du bois, de la pierre, du métal, de l'or ou de l'argent et de les adorer en tant que dieu.

Deutéronome 4:23 dit, «*Veillez sur vous, afin de ne point mettre en oubli l'alliance que l'Éternel, votre Dieu, a traitée avec vous, et de ne point vous faire d'image taillée, de représentation quelconque, que l'Éternel, ton Dieu, t'ait défendue.*» Une idole sans vie n'a aucune puissance. Cela résultera en un dommage d'adorer un autre dieu que le Dieu Créateur.

> **«Maintenant, ce que je vous ai écrit, c'est de ne pas avoir des relations avec quelqu'un qui, se nommant frère, est impudique, ou cupide, ou idolâtre, ou outrageux, ou ivrogne, ou ravisseur, de ne pas même manger avec un tel homme.» (5:11)**

Un 'frère' signifie un frère dans la foi. Si un chrétien est sexuellement immoral, cupide et idolâtre ou un insulteur ou un ivrogne. Dieu nous dit de ne même pas manger avec de telles personnes.

Être cupide est d'avoir un désir désordonné pour la prospérité ou les biens ou pour les biens d'une autre personne. Cela se réfère aussi à une personne qui a un désir excessif de nourriture ou d'autres biens. Insulter signifie utiliser un langage vil et abusif qu'on ne peut même pas citer.

Ici, «ne pas même manger avec un tel homme» ne signifie pas que nous ne pouvons pas manger ou nous associer avec une telle personne dans l'église. Alors cela signifierait qu'il n'y a pas d'amour dans l'église. Ce verset signifie que nous ne devons pas suivre leurs œuvres pécheresses.

J'ai mentionné nos relations avec les incroyants, et c'est pareil pour les frères dans la foi. Si nous avons une foi faible, nous devons éviter des hommes tellement pécheurs, parce que nous pourrions être affectés par eux et dans notre faiblesse, nous pourrions commettre des péchés avec eux. Mai si nous nous tenons sur le rocher de la foi, nous ne devons pas les éviter. Nous pouvons leur conseiller avec amour afin qu'ils viennent à la repentance ou les guider pour qu'ils vivent dans la vérité en plantant la foi en eux.

> «Qu'ai-je, en effet, à juger ceux du dehors? N'est-ce pas ceux du dedans que vous avez à juger? Pour ceux du dehors, Dieu les juge. Otez le méchant du milieu de vous.» (5:12-13)

Juger c'est discerner une chose qui est révélée comme étant vraie ou fausse selon la vérité. C'est une signification différente lorsque le Bible nous dit de ne pas juger. Cela signifie que nous ne devons pas poser de jugement sur des sujets qui ne sont pas clairement révélés. Seul Dieu connait le cœur de l'homme et un tel jugement sera un mur de séparation entre Dieu et nous.

Mais nous pouvons discerner si les gens mondains, les incroyants ont raison ou tort selon la vérité. S'ils sont cupides, immoraux, idolâtres, outrageux, ivrognes ou ravisseurs, nous comprenons qu'ils se tiennent contre la vérité. Mais nous n'avons pas à les juger parce que Dieu les jugera selon Sa volonté.

Quand les incroyants sont ivrognes, nous ne devons pas leur dire «pourquoi bois-tu autant? Arrête de boire et vis dans la vérité!» Dieu les jugera et nous ne le devons pas.

Mais supposons qu'un frère dans la foi est allé voir un voyant. Alors nous devons comprendre qu'il est devenu idolâtre parce qu'il n'a pas de foi. Il aurait pu prier Dieu et recevoir de Lui, les réponses, mais il est allé demander aux démons. On ne peut donc pas dire qu'il a de la foi. Nous pouvons discerner un tel cas selon la vérité.

Enlevez le méchant

Alors le verset 13 dit, «ôtez l'homme méchant du milieu de vous.» Au verset 11, il nous est dit de ne pas nous associer ni de manger avec eux, mais ici, il nous dit de les enlever.

Quelles seront les conséquences si nous faisons des concessions pour les frères dans la foi qui sont cupides, immoraux, idolâtres, ivrognes et escrocs? L'église ne peut pas leur donner de titre ni de position, et probablement que les membres de l'église ne se sentiront pas à l'aise en s'associant avec eux. Ils seront donc naturellement mis à l'écart, même à l'église.

Dans ce cas, c'est chanceux s'ils se repentent et se détournent. Mais s'ils se plaignent et commettent plus de péchés, leurs consciences seront scellées aussi, finalement aucune vérité ne peut plus entrer en eux et comme c'est expliqué dans le verset

1, ils pourraient commettre des péchés inacceptables tels que d'avoir des relations sexuelles avec la femme de leur père.

Ceux qui ont déjà atteint le niveau de péchés pour lesquels ils ne peuvent pas se détourner tels qu'un cœur endurci et qu'ils ne peuvent pas se repentir. C'est pourquoi la Bible nous dit de les enlever de l'église. Autrement, ils vont devenir du mauvais levain et affecter les croyants.

Matthieu 18:15-17 dit, «*Si ton frère a péché, va et reprends-le entre toi et lui seul. S'il t'écoute, tu as gagné ton frère. Mais, s'il ne t'écoute pas, prends avec toi une ou deux personnes, afin que toute l'affaire se règle sur la déclaration de deux ou de trois témoins. S'il refuse de les écouter, dis-le à l'Église; et s'il refuse aussi d'écouter l'Église, qu'il soit pour toi comme un païen et un publicain.*»

Ce passage nous dit que, lorsqu'un frère pèche, nous ne devons pas en répandre la nouvelle aux autres, mais nous devons d'abord aller vers lui seulement et lui conseiller de vivre selon la Parole de Dieu. Heureusement, si le frère écoute et se repent, cela signifie que nous avons gagné un frère parce qu'il va recevoir le salut.

S'il n'écoute pas le conseil, alors nous devons prendre quelques personnes de plus qui sont plus élevées dans la hiérarchie spirituelle et lui conseiller. Nous allons lui faire comprendre que c'est un péché et qu'il doit se détourner vers la voie de Dieu et les deux ou trois personnes doivent être les témoins. S'il n'écoute toujours pas, l'église doit être au courant.

S'il n'écoute même pas, même le pasteur de l'église ou quelqu'un d'équivalent, alors, nous devons le considérer comme un Gentil ou un collecteur d'impôts. Dans ce contexte, un Gentil est quelqu'un qui ne croit pas en Dieu et les collecteurs d'impôts étaient considérés comme des pécheurs. Ceci a donc la signification intentionnelle que nous devons le regarder comme un non-croyant mondain ou un pécheur.

Le verset 18 dit, «Tout ce que nous lions sur la terre sera lié dans le ciel et tout ce que nous délions sur la terre sera délié dans le ciel.» Quand un représentant de l'église lui conseille, s'il se détourne, alors Dieu le reconnaîtra aussi. Autrement, il sera livré à Satan. C'est pourquoi les responsables de l'église doivent avoir de l'amour pour endurer avec lui et prier avec lui jusqu'au bout.

Mais ce verset ne peut pas être appliqué aux nouveaux convertis qui viennent d'accepter le Seigneur. Ceux qui ont commencé récemment à fréquenter l'église ne comprennent pas réellement la Parole de Dieu. Ils ne savent même pas ce qu'est le péché. Malgré qu'ils le font, ils manquent de force et de puissance pour pratiquer la parole.

Nous ne devons donc pas penser que nous devons les éviter parce qu'ils pèchent encore, mais au contraire nous devons planter la foi en eux et les laisser venir de plus en plus dans la vérité.

Mais quand ceux qui ont la foi et même certaines positions dans l'église commettent des péchés tellement graves ; nous ne devons pas nous associer avec eux.

Chapitre 6

POURSUITES JUDICIAIRES ENTRE CROYANTS

— Problèmes Parmi les Membres de l'Eglise

— Les Saints Jugeront le Monde

— À Leur Honte

— Des Péchés qui Mènent à la Mort

— Pour quoi devons-nous vivre?

— Signification spirituelle de la prostituée

Problèmes Parmi les Membres de l'Eglise

«Quelqu'un de vous, lorsqu'il a un différend avec un autre, ose-t-il plaider devant les injustes, et non devant les saints?» (6:1)

Au chapitre 6, Paul écrit concernant la volonté de Dieu concernant les poursuites judiciaires parmi les frères dans la foi et il explique le chemin pour résoudre les problèmes qui surgissent dans l'église.

Nous pouvons devenir une 'personne injuste' comme celle mentionnée par Paul et ne pas recevoir le salut si nous ne comprenons pas correctement la volonté de Dieu concernant les poursuites judiciaires. Certains croient qu'ils ne seront jamais impliqués dans une telle situation dans l'église parce qu'ils sont des chrétiens fidèles.

Cependant, nous devons être capables de donner des réponses correctes en accord avec la vérité quand des nouveaux convertis ou d'autres frères dans la foi recherchent de nous des conseils concernant les poursuites judiciaires.

Au verset 1 du chapitre 6 nous pouvons voir qu'il y avait une poursuite judiciaire entre les membres de l'église dans l'église de Corinthe. Un frère poursuivait un autre frère dans la foi au sujet d'une affaire légale devant les injustes.

Le terme 'injustes' se réfère aux gens mondains qui ne connaissent pas la vérité et ne vivent pas selon la Parole de Dieu. Nous pouvons aussi dire que des membres de l'église qui doutent de la Parole de Dieu et ne vivent pas selon elle sont des 'injustes'.

Ainsi, si nous allons vers une telle personne dans l'église avec un problème, c'est pareil que d'aller vers un incroyant injuste pour résoudre un problème. Ce n'est pas la chose juste à faire. Ce n'est pas approprié non plus pour nous de poursuivre un frère dans la foi dans les tribunaux du monde.

Le fonctionnement de la loi du monde ne peut pas opérer de la même manière que la loi de Dieu écrite dans la Bible. Dieu nous dit d'aimer nos ennemis, de considérer les autres comme meilleurs que nous-mêmes et de comprendre et de pardonner aux autres. Il nous est aussi dit que nous serons 'élevés lorsque nous servons' et que nous allons 'gagner quand nous perdons'.

Seule la Parole de Dieu est la vérité qui ne change jamais, et nous pouvons vivre une vie heureuse si nous la suivons. Mais de nombreuses personnes refusent de vivre selon la Parole de Dieu et ils suivent leurs propres intérêts.

De plus, la loi du monde et la loi de Dieu ne sont pas pareilles. C'est pourquoi, combien il est insensé pour des croyants de se reposer sur les lois du monde et de ne pas se reposer uniquement sur la loi de Dieu?

C'est pourquoi l'apôtre Paul a réprimandé les croyants dans l'église de Corinthe parce qu'ils n'ont pas essayé de résoudre leurs problèmes dans l'église parmi les frères dans la foi mais sont allés vers des gens injustes qui ne connaissent pas la vérité.

Les Saints Jugeront le Monde

«Ne savez-vous pas que les saints jugeront le monde?
Et si c'est par vous que le monde est jugé, êtes-vous
indignes de rendre les moindres jugements?» (6:2)

Il est écrit que les saints jugeront le monde. Qui sont alors
les saints? Lorsque quelqu'un s'enregistre dans une église, nous
disons qu'il devient un membre de l'église. Parmi les membres
de l'église, ceux qui gardent la Parole de Dieu dans leurs cœurs,
en font leur nourriture spirituelle et la pratiquent dans leurs vies
sont appelés les saints.

Pourquoi ces gens sont-ils appelés 'saints'? Cela n'est-il
pas réservé à ceux qui ont mené des vies d'une exceptionnelle
sainteté?

Jean 14:6 dit, *«Jésus lui dit: Je suis le chemin, la vérité,
et la vie. Nul ne vient au Père que par moi.»* Seule la Parole
de Dieu est la vérité, qui est éternellement inchangée. C'est

pourquoi la Parole de Dieu sera réalisée dans les faits pour ceux qui croient dans les promesses de Dieu de la Bible et suivent Sa Parole.

Si Dieu n'est pas vivant, la Bible aussi est morte, et elle ne peut pas être la vérité. Mais Dieu est vivant. Il existait avant l'éternité et existera toute l'éternité. Il ne change jamais et Sa Parole est l'absolue vérité. Et aussi Jésus-Christ, Son Fils unique qui est venu sur cette terre. Il est aussi la Parole et la vérité même.

La Parole de Dieu, qui est la vérité, est sainte et donc, nous appelons ceux qui la suivent, des 'saints'. D'autre part, ceux qui ne font qu'aller à l'église sont appelés des 'touristes d'église'.

Bien sûr, nous pouvons aussi les appeler 'nouveaux convertis' ou 'nouveaux'. La raison pour laquelle nous venons à l'église et nous enregistrons en tant que membres de l'église est pour devenir des enfants de Dieu et recevoir le salut. Nous le faisons pour écouter la Parole de Dieu et suivre le saint sentier. Il est donc entièrement approprié d'appeler les nouveaux croyants des 'saints'.

Il y a certaines personnes qui se tiennent sur le rocher de la foi. Il y en a d'autres qui font un effort de vivre selon la Parole de Dieu mais qui ne se trouvent pas encore sur le rocher de la foi.

Paul a dit, « savez-vous pas que les saints jugeront le monde ? » Ici ; les 'saints' se réfèrent aux enfants de Dieu qui se trouvent sur le rocher de la foi. Ces saints ont la capacité de juger le monde. Comme expliqué plus haut, lorsqu'il y a des problèmes dans le monde, ils peuvent discerner si une chose particulière est juste ou erronée, ou si elle est vraie ou fausse selon la vérité.

C'est pourquoi Paul demande comment il se fait qu'ils n'ont pas pu prendre soin du problème entre les frères dans la foi, alors que les frères peuvent juger les choses de ce monde. Ceux qui se tiennent sur le rocher de la foi ont la capacité de résoudre les problèmes qui se lèvent entre frères dans la foi, et pour cela, les croyants n'ont aucune raison d'aller vers le monde pour des poursuites judiciaires du monde.

«Ne savez-vous pas que nous jugerons les anges? Et nous ne jugerions pas, à plus forte raison, les choses de cette vie?» (6:3)

Le verset 3 est le complément du verset 2. Nous comprenons au sujet des anges par la Bible. Juger les anges ne signifie pas que nous les jugerons avec une pensée mauvaise, mais discernerons les choses selon la vérité.

Par exemple, de la Bible dans 2 Pierre 2:4, nous comprenons que Dieu n'a pas épargné les anges lorsqu'ils ont péché, mais il les a chassés en enfer et les a confiné dans 'l'abime des ténèbres' qui est réservé au jugement.

Jude 1:6 dit aussi, *«qu'il a réservé pour le jugement du grand jour, enchaînés éternellement par les ténèbres, les anges qui n'ont pas gardé leur dignité, mais qui ont abandonné leur propre demeure.»*

La Bible écrit sur les anges qui apportent la pluie, bougent les nuages, des anges puissants et des anges majestueux comme dans 2 Pierre 2:11 qui parle d'anges qui sont 'plus grands en puissance et en force'.

Luc 1:19 parle de Gabriel en disant, «*L'ange lui [Zacharie] répondit: Je suis Gabriel, je me tiens devant Dieu; j'ai été envoyé pour te parler, et pour t'annoncer cette bonne nouvelle.*» C'était la scène dans laquelle Gabriel est apparu pour annoncer la naissance de Jean Baptiste.

De plus, Daniel 10 :13 dit, «*Le chef du royaume de Perse m'a résisté vingt et un jours; mais voici, Micaël, l'un des principaux chefs, est venu à mon secours, et je suis demeuré là auprès des rois de Perse.*» Nous avons un récit au sujet de Micaël l'archange. Nous pouvons discerner à propos des anges dans le monde spirituel au travers de la Bible, malgré que nous ne puissions les voir de nos yeux.

Ainsi, en disant, «Ne savez-vous pas que nous jugerons les anges? Et nous ne jugerions pas, à plus forte raison, les choses de cette vie?» Paul insiste sur le fait que nous pouvons juger les choses de ce monde parce que nous pouvons juger des êtres spirituels comme des anges.

«Quand donc vous avez des différends pour les choses de cette vie, ce sont des gens dont l'Église ne fait aucun cas que vous prenez pour juges!» (6:4)

Il peut y avoir certains problèmes parmi les croyants à cause des choses de ce monde. C'est pourquoi si quelque chose comme cela se produit dans l'église que devons-nous faire si deux personnes ont une querelle ou un problème et ne sont pas capables de le régler dans l'église?

Les saints qui se tiennent sur le rocher de la foi peuvent discerner entre ce qui est juste et ce qui est erroné selon la Parole de Dieu et ainsi, nous devons les laisser résoudre la situation. Mais ils ne le faisaient pas dans l'église de Corinthe. C'est pourquoi Paul a insisté sur le fait qu'ils nommaient comme juges, ceux qui n'avaient rien à voir dans l'église.

Si une dispute surgit entre des frères dans la foi à cause de choses du monde et qu'ils se poursuivent en justice, leurs actes sont ceux de gens injustes qui ne vivent pas dans la vérité.

Par exemple, supposons qu'une personne qui ne vit pas dans la vérité calomnie et critique une autre personne dans l'église. Supposons qu'une autre personne a entendu cela et elle se joint à lui. Lorsque quelques personnes se joignent à une telle personne, un groupe est créé.

Lorsque quelque chose survient à quelqu'un qui appartient à ce groupe, il ira naturellement vers ses amis injustes pour leur demander ce qu'il doit faire. Maintenant, quand les gens injustes lui conseillent, cela sera-t-il approprié? Sera-ce la bonne solution pour le problème? Il y a des chances que ce ne le soit pas! Ceux qui sont injustes ne peuvent pas donner une réponse dans la vérité, parce qu'eux-mêmes ne vivent pas dans la vérité. C'est pourquoi Paul a demandé, «... ce sont des gens dont l'Église ne fait aucun cas que vous prenez pour juges!» en insistant sur le fait que ce n'est pas une juste chose à faire.

À Leur Honte

«Je le dis à votre honte. Ainsi il n'y a parmi vous pas un seul homme sage qui puisse prononcer entre ses frères. Mais un frère plaide contre un frère, et cela devant des infidèles!» (6:5-6)

L'apôtre Paul a dit dans 1 Corinthiens 4:14, *«Ce n'est pas pour vous faire honte que j'écris ces choses; mais je vous avertis comme mes enfants bien-aimés.»* Mais ici, il dit, *«Je le dis à votre honte»*. C'est parce que la situation maintenant est complètement différente de celle de 1 Corinthiens au chapitre 4.

Dans 1 Corinthiens chapitre 4, on a vu que lorsque les apôtres étaient insultés, ils l'acceptaient comme une bénédiction; lorsqu'ils étaient persécutés, ils supportaient, quand ils étaient calomniés, ils essayaient de concilier. C'est la juste manière, et les croyants de l'église de Corinthe auraient dû faire la même chose. Mais ils ne l'ont pas fait.

Paul ne voulait pas se glorifier ni donner honte aux croyants de Corinthe. Il voulait seulement leur enseigner avec un cœur de parents que les actes des apôtres étaient corrects.

Mais au verset 5, Paul dit, «Je le dis à votre honte». Il montrait clairement qu'il n'allait pas dire quelque chose de bon à ses enfants bien-aimés. Il voulait dire qu'il devait le dire à leur honte pour faire ressortir leurs erreurs. Malgré qu'ils aient ressenti la honte, pour que Paul dise cela c'était pour qu'ils le gardent dans leur mémoire de sorte qu'ils n'agissent plus de la même manière.

Les enfants de Dieu ne doivent pas se poursuivre en justice. Mais dans l'église de Corinthe, les frères dans la foi étaient rapides pour se poursuivre en justice et se sont poursuivi devant les incroyants. C'est pourquoi Paul a dû dire que c'était à leur honte.

Comment Résoudre des Problèmes dans le Seigneur

Maintenant, que devons nous faire si nous avons une affaire du monde avec un autre frère dans la foi? Nous devons suivre l'ordre de l'église pour le gérer. Si vous êtes un croyant laïc, vous devez d'abord consulter votre dirigeant de cellule. S'il ne peut pas résoudre le problème, vous devez aller plus haut dans l'ordre de l'église.

Finalement, vous pouvez aller jusqu'au pasteur de l'église. Si le problème n'est toujours pas résolu, vous devez aller vers le conseil de l'église ou une réunion ou une organisation qui peut représenter toute l'église pour discerner ce qui est juste et ce qui est faux.

Dans la plupart des cas, ces affaires concernent de l'argent. J'ai conseillé aux membres de l'église de n'avoir aucune espèce d'échange d'argent dans l'église. De nombreux malentendus et problèmes sont causés à cause de l'argent.

Si vous empruntez un peu d'argent à cause d'une urgence, vous ne devez pas emprunter d'un frère dans la foi, mais de quelqu'un en dehors de l'église. C'est désobéir à la Parole de Dieu que d'avoir des échanges d'argent parmi les frères dans la foi, de sorte que Satan apporte des conflits et des problèmes.

J'ai vu beaucoup de membres de l'église avoir des difficultés à cause d'argent emprunté ou prêté dans l'église entre les membres de l'église.

Certaines personnes ne peuvent pas refuser lorsqu'une autre personne leur demande de lui prêter un peu d'argent. Ainsi elles empruntent donc d'une tierce personne ou d'un autre endroit pour prêter l'argent à cette personne. Mais beaucoup de gens ne remboursent pas dans les délais promis. Romains 13:8 dit, *«Ne devez rien à personne, si ce n'est de vous aimer les uns les autres.»* Comme il est écrit nous ne devons jamais mettre un fardeau à un frère dans la foi à cause de l'argent.

«C'est déjà certes un défaut chez vous que d'avoir des procès les uns avec les autres. Pourquoi ne souffrez-vous pas plutôt quelque injustice? Pourquoi ne vous

laissez-vous pas plutôt dépouiller? Mais c'est vous qui commettez l'injustice et qui dépouillez, et c'est envers des frères que vous agissez de la sorte!» (6:7-8)

Si un frère dans la foi poursuit en justice un autre frère dans la foi, cela prouve que cette personne est une personne injuste qui ne vit pas dans la vérité, pas un enfant de Dieu. Cela révèle qu'il est un faux croyant, même s'il a semblé posséder une foi dévouée, en travaillant fidèlement pour l'église.

Alors, que devez-vous faire si un autre frère dans la foi vous poursuit? Si vous avez une foi véritable, vous serez volontaire pour accepter la perte causée par cela, plutôt que de combattre en retour la personne pour révéler qui a la faute. C'est pourquoi l'apôtre Paul conseille au verset 7 d'être dépouillé plutôt que de se quereller et de devenir une mauvaise personne.

Mais ces nouveaux convertis qui ne connaissent pas très bien la vérité sont capables de croire que c'est juste de révéler qui est innocent en combattant en retour selon la justice.

Même si nous sommes dépouillés, ce n'est pas vraiment une perte. Satan perdra certainement et la justice va triompher uniquement si nous vivons dans la vérité. Dieu demeure dans la justice et sonde le cœur des hommes. Il peut donc sembler que vous faites face à une perte pour le moment. Mais Dieu agira sûrement pour le bien de toute chose au temps opportun.

De cette manière, il ne doit pas y avoir de poursuites judiciaires parmi les frères dans la foi, mais les membres de l'église de Corinthe ont agi dans l'injustice, en révélant le mal qui existait parmi eux. Les gens injustes étaient dans l'église prétendant d'être des enfants de Dieu et de vivre dans la vérité. Mais par la suite il a été révélé qu'ils n'étaient pas des enfants de Dieu et qu'ils ne vivaient pas dans la vérité. Après tout, ils se sont trompés les uns les autres.

Ce type de chose injuste ne devrait pas se produire dans une église. Même parmi les incroyants, s'ils poursuivent un membre de leur propre famille, les gens diraient que c'est mauvais. Et comment cela peut-il être accepté lorsqu'il y a des poursuites judiciaires entre des frères dans la foi qui croient en Dieu? Si ce genre de choses se produit, il est certain que cette personne est injuste.

Jacques 1:22 dit, *«Mettez en pratique la parole, et ne vous bornez pas à l'écouter, en vous trompant vous-mêmes par de faux raisonnements.»* Comme il est écrit, si vous vous contentez d'écouter mais ne pratiquez pas la Parole, vous êtes un menteur et vous vous trompez vous-mêmes. Si les croyants de Corinthe avaient vraiment cru en Dieu, ils ne se seraient pas poursuivi les uns les autres.

Le verset 8 dit, «Mais c'est vous qui commettez l'injustice et qui dépouillez, et c'est envers des frères que vous agissez de la sorte!» Cela signifie que c'est un acte d'injustice de poursuivre un autre frère et ils ont dit qu'ils croyaient en Dieu même après avoir poursuivi leur frère. C'est pourquoi ils se trompaient eux-mêmes.

Dieu nous dit d'aimer même nos ennemis. Il nous a laissé

recevoir le salut en sacrifiant Son Fils unique Jésus à la croix. Nous qui avons reçu cette grâce gratuitement ne pouvons jamais poursuivre en justice un frère dans la foi.

Des Péchés qui Mènent à la Mort

«Ne savez-vous pas que les injustes n'hériteront point le royaume de Dieu? Ne vous y trompez pas: ni les impudiques, ni les idolâtres, ni les adultères, ni les efféminés, ni les infâmes, ni les voleurs, ni les cupides, ni les ivrognes, ni les outrageux, ni les ravisseurs, n'hériteront le royaume de Dieu.» (6:9-10)

Même parmi les croyants, ceux qui sont injustes n'hériteront pas du royaume de Dieu. Cela signifie qu'ils ne seront pas sauvés. La Parole de Dieu est donnée aux croyants. Les incroyants n'ont rien à voir avec la Parole de Dieu.

Donc les 'injustes' se réfèrent ici à ceux qui se disent croyants, mais qui ne vivent pas selon la Parole de Dieu. Ils ne seront pas sauvés.

Jésus a dit dans Matthieu 7:21, «*Ceux qui me disent: Seigneur, Seigneur! N'entreront pas tous dans le royaume des cieux, mais celui-là seul qui fait la volonté de mon Père qui est dans les cieux.»* Même si nous agissons comme prophètes, manifestons les puissantes œuvres et chassons les démons, le Seigneur dira qu'Il ne nous a jamais connus si nous vivons dans l'iniquité.

Nous ne pouvons pas être sauvés en disant que nous croyons au Seigneur, en gardant le jour du Seigneur, en donnant les dîmes et en aidant les nécessiteux, mais en vivant selon la Parole de Dieu. Même si nous faisons de nombreuses choses pour Dieu, Jésus dira, «Je ne vous ai jamais connu», si nous pratiquons l'iniquité. (Matthieu 7:23).

Nous pourrions être trompés si nous ne comprenons pas clairement ceci. Ce ne sont pas uniquement les incroyants qui nous trompent. Nous pouvons être trompés pas les gens qui disent qu'ils croient, mais pratiquent l'impiété en ne vivant pas selon la Parole de Dieu.

Certains croyants disent que nous ne devons pas être des extrémistes dans la foi. Ils nous pressent à n'assister qu'aux cultes du matin et d'aller pêcher, à la montagne, à l'escalade ou en pique- nique l'après-midi. Ils disent que même les anciens de l'église boivent de l'alcool et qu'il est donc OK de boire quelques verres. Mais Dieu nous dit de ne pas être trompés pas de telles paroles.

Alors, qu'est-ce que l'injustice? Le Verset 8 dit que c'est l'injustice de poursuivre en justice un frère dans la foi. De plus, l'injustice est tout ce qui s'oppose à la vérité et tout acte qui n'est pas conforme à la Parole de Dieu

Les versets 9 et 10 parlent au sujet des choses qui sont injustes.

La fornication est la conduite sexuelle qui est impure et mauvaise. L'idolâtrie n'est pas uniquement d'adorer des images d'or, d'argent, de pierre ou de métal, mais aussi d'aimer quelque chose ou quelqu'un plus que Dieu. L'adultère est d'avoir des relations sexuelles entre hommes et femmes qui ne sont pas légalement reconnus par Dieu d'être attachés l'un à l'autre.

Un efféminé est considéré comme un homme dont le comportement, l'apparence ou le parler est excessivement la caractéristique d'une femme ou d'une fille. Ils se trouvent surtout en dehors de l'église, mais il y en a aussi dans l'église. Par exemple, certains hommes aiment la compagnie de femmes et se comportent comme une femme de manière excessive.

Les homosexuels ne sont pas pardonnés par Dieu et ces gens ne peuvent pas recevoir le salut. Lorsque ceux qui ont été homosexuels auparavant, avant qu'ils n'arrivent à croire, ils doivent se repentir et se détourner afin qu'ils puissent être pardonnés. Mais s'ils ne se détournent pas et continuent à faire la même chose, cela signifie qu'ils ne peuvent recevoir leur salut.

Les voleurs ont beaucoup de motivations, mais généralement,

c'est de voler les biens de quelqu'un avec le cœur ou en actes. Judas Iscariote était aussi un voleur, il volait l'argent en disant qu'il aidait les pauvres.

Ensuite, nous avons les cupides et les ivrognes. Dieu n'est pas ravi de saouleries. L'alcool ne peut nous donner aucun profit. C'est pour le plaisir que les gens fabriquent des boissons alcoolisées. Ce n'est pas supposé être une boisson pour la santé. Si nous vivons en Jésus-Christ et dans la vérité, nous devons naturellement abandonner la boisson.

La Bible nous enseigne de ne pas nous saouler (Ephésiens 5:18). Lorsque l'alcool entre dans notre corps, nous perdons le contrôle de notre corps et notre pensée et nous ferons des choses qui sont contraires à la vérité. Certains disent que c'est OK de boire un peu parce que la Bible nous dit de ne pas nous enivrer.

Mais si vous ne buvez rien qu'une coupe, vous serez enivré de cette manière, l'alcool ira dans toutes les parties de votre corps. Si vous buvez un peu, vous serez enivré un peu et si vous buvez beaucoup, vous serez bien ivres. Nous ne devons donc pas dire que quelques verres sont OK.

Les outrageux et les ravisseurs sont expliqués au chapitre 5 verset 11. Les outrageux parlent un langage faux et les ravisseurs prennent l'argent ou les biens des autres par tromperie. Ce genre de personnes n'héritera pas du royaume de Dieu, ce qui signifie qu'ils n'entreront pas dans le royaume des cieux.

Ainsi, si vous pratiquez encore ces choses injustes, vous

devez rapidement confesser vos péchés et vous repentir. Dieu est fidèle et juste pour vous pardonner vos péchés et pour vous justifier de toute iniquité (1 Jean 1:9). Mais si nous continuons à pécher même après avoir confessé nos péchés et avoir dit que nous ne pécherions plus, c'est se moquer de Dieu. Cela veut dire que nous demeurons toujours dans les péchés et nous ne pouvons pas être sauvés de cette manière.

> «Et c'est là ce que vous étiez, quelques-uns de vous. Mais vous avez été lavés, mais vous avez été sanctifiés, mais vous avez été justifiés au nom du Seigneur Jésus-Christ, et par l'Esprit de notre Dieu.» (6:11)

Beaucoup d'entre nous étions des gens tellement injustes, mais maintenant, nous avons reçu le Saint-Esprit en Jésus-Christ. Le Saint-Esprit nous fait réaliser ce qu'est le péché et nous donne la foi.

Lorsque nous nous repentons et nous détournons, le sang du Seigneur nous lave. Malgré que nous ayons péché auparavant, si nous nous repentons et nous détournons, Dieu nous lave au travers du sang de Jésus qui a été crucifié. De cette manière, nous atteindrons le salut.

Mais si nous disons seulement que nous croyons en Dieu en commettant des actes d'injustice, Dieu ne le reconnait pas comme de la foi et nous ne pouvons pas être sauvés. Dieu le considère comme de la foi et nous sauve quand nous essayons de vivre selon la Parole de Dieu et combattons les péchés pour les chasser. Dieu dira que nous sommes justes lorsque nous devenons de plus en plus sanctifiés au travers de ce processus et effort pour combattre les péchés.

«Tout m'est permis, mais tout n'est pas utile; tout m'est permis, mais je ne me laisserai asservir par quoi que ce soit.» (6:12)

«Tout m'est permis» signifie que nous avons la liberté de choisir de vivre dans la vérité ou dans l'injustice. Tout dépend de nos choix. Mais tous nos choix ne sont pas profitables. Seul vivre en Jésus-Christ est profitable.

Pour hériter du royaume des cieux, nous devons vivre entièrement dans la vérité en n'étant dirigé par rien. Nous devons suivre la volonté de Dieu avec assurance. Si nous possédons ce type de foi, nous ne serons pas secoués même si nos parents ou chefs au travail essayent de nous empêcher de vivre dans la vérité.

Un jour, une croyante est venue à moi en me demandant de prier pour elle. Mais je me souvenais qu'elle avait déjà été guérie de sa maladie dans notre église et qu'elle avait donne son témoignage.

«Pasteur, je te prie de prier pour moi. Je ne puis bouger mon corps ni utiliser mes mains à cause de paralysie.»

«Ma sœur, tu n'as pas gardé le Jour du Seigneur, as-tu? Etant donné que tu as reçu la grâce de Dieu, tu aurais dû! Pourquoi ne l'as-tu pas fait?»

«J'ai été au travail le dimanche parce que j'avais peur de mon mari.»

Elle a entendu parler de la nouvelle des œuvres puissantes de Dieu et est venue dans notre église, et elle a été guérie de sa maladie. Mais plus tard, elle a fait des compromis avec la parole par peur des persécutions de son mari.

Jésus a dit dans Matthieu 10:28, *«Ne craignez pas ceux qui tuent le corps et qui ne peuvent tuer l'âme; craignez plutôt celui qui peut faire périr l'âme et le corps dans la géhenne.»* Si nous avons réellement la foi, nous ne profanerons pas le jour du Seigneur qui est ordonné par Dieu, malgré que nous puissions être persécutés ou battus.

Dieu fait en sorte que les choses concourent pour le bien de ceux qui croient que Dieu est avec eux et prient. Dieu conduira vers le salut, même ces parents ou maris qui persécutent. Si nous gardons notre foi sans nous compromettre, il pourrait y avoir des persécutions des membres de la famille pour le moment, mais finalement, nous serons capables d'évangéliser la famille.

Nous pourrions même nous éloigner du salut si nous nous compromettons par peur des persécutions. C'est pourquoi, nous devons suivre la volonté de Dieu avec assurance et agir conformément à la vérité, en ne craignant aucun effet.

Pour quoi devons-nous vivre?

«Les aliments sont pour le ventre, et le ventre pour les aliments; et Dieu détruira l'un comme les autres. Mais le corps n'est pas pour l'impudicité. Il est pour le Seigneur, et le Seigneur pour le corps. Et Dieu, qui a ressuscité le Seigneur, nous ressuscitera aussi par sa puissance. Ne savez-vous pas que vos corps sont des membres de Christ? Prendrai-je donc les membres de Christ, pour en faire les membres d'une prostituée? Loin de là!» (6:13-15)

La nourriture est nécessaire à la vie. Nous ne pouvons conserver notre vie que si nous mangeons de la nourriture et recevons des nutriments. Mais la nourriture périra en fin de compte. Lorsque Dieu appelle notre esprit, nos corps périront aussi.

Tout périra de cette manière. Pour quoi devons-nous

vivre alors? Sachant que nous ne serons pas capables d'hériter du royaume de Dieu si nous ne chassons pas les injustices telles que l'immoralité, l'idolâtrie, l'adultère, l'état efféminé, l'homosexualité, le vol, la cupidité, l'ivrognerie, les injures et l'escroquerie, comment pouvons-nous vivre dans l'injustice?

Maintenant, que signifie «Mais le corps n'est pas pour l'impudicité. Il est pour le Seigneur, et le Seigneur pour le corps.» Jésus est mort à la croix pour nous conduire vers le royaume des cieux, parce qu'il est pour notre corps. C'est pourquoi, nous pouvons hériter du royaume des cieux.

Nous ne pouvons pas échapper de tomber en enfer si nous continuons à vivre dans l'injustice en tant que pécheurs. C'est pourquoi, il est évident que nous devons vivre pour le Seigneur qui traite avec notre esprit et nous conduit vers le royaume des cieux par la puissance de Dieu.

Le verset 14 dit, «Et Dieu, qui a ressuscité le Seigneur, nous ressuscitera aussi par sa puissance.» Il va nous donner un corps ressuscité parfait qui ne périra pas.

Le verset 15 dit, «Ne savez-vous pas que vos corps sont des membres de Christ? Prendrai-je donc les membres de Christ, pour en faire les membres d'une prostituée? Loin de là!» Jésus a dit, *«Je suis le cep et vous êtes les sarments,»* (Jean 15:5). Nous sommes des branches qui s'accrochent au cep et ainsi nous sommes un avec le cep. Nous sommes un avec le Seigneur et nous sommes tous des parties de Son corps.

Combien saint est le corps du Seigneur? Il est sans taches

ni rides. Alors les parties de ce corps saint doivent aussi être saintes. Il y a de nombreuses branches sur un arbre. Si une des branches devient malade. Nous devons la couper de sorte que tout l'arbre sera sain. Pratiquement de la même manière, si l'un de nos bras pourrit, nous ne pouvons pas le laisser, et nous devrons l'amputer.

Ou alors qu'en est-il si une partie de notre corps devient sale juste après avoir pris un bain? Nous ne pouvons pas juste aller au lit en disant que c'est OK parce que toutes les autres parties sont propres. Nous allons sûrement la nettoyer.

C'est pourquoi, les enfants de Dieu, qui sont des parties du corps du Seigneur qui est sans taches ni rides, doivent toujours mener une vie sainte. S'ils deviennent impurs, ils doivent se laver immédiatement.

Signification spirituelle de la prostituée

«Ne savez-vous pas que celui qui s'attache à la prostituée est un seul corps avec elle? Car, est-il dit, les deux deviendront une seule chair. Mais celui qui s'attache au Seigneur est avec lui un seul esprit. Fuyez l'impudicité. Quelque autre péché qu'un homme commette, ce péché est hors du corps; mais celui qui se livre à l'impudicité pèche contre son propre corps.» (6:16-18)

Auparavant, l'apôtre Paul a prévenu les membres de l'église de Corinthe qui sont parties du corps de Christ, de ne pas se faire le corps d'une prostituée. Ici, 'prostituée' se réfère à toutes les espèces d'injustices mentionnées plus haut.

La fornication, l'idolâtrie, l'adultère, l'état efféminé, l'homosexualité, le vol, la cupidité, l'ivrognerie, l'insulte et l'escroquerie appartiennent tous au sens du mot 'prostituée'.

Nous ne pouvons pas faire du corps de Christ le corps d'une prostituée, c'est-à-dire un corps impur d'injustice.

Notre Seigneur a un corps saint et propre, nous ne pouvons donc pas disgracier le Seigneur en devenant un corps souillé. C'est disgracier Dieu en même temps que de rendre une mauvaise odeur, et non pas l'arôme de Christ.

Nous ne sommes pas des gens injustes. Nous sommes les enfants de Dieu qui sont lavés par le précieux sang du Seigneur. C'est pourquoi, nous ne pouvons pas agir dans l'injustice, et si nous avons de l'injustice en nous, nous devons rapidement la chasser.

Romains 1:18 dit, *«La colère de Dieu se révèle du ciel contre toute impiété et toute injustice des hommes qui retiennent injustement la vérité captive.»* Colossiens 3:25 dit aussi, *«Car celui qui agit injustement recevra selon son injustice, et il n'y a point d'acception de personnes.»*

Dieu ne regarde pas aux apparences mais au cœur. Avoir une bonne apparence extérieure n'a aucune valeur si nous sommes remplis d'injustice à l'intérieur. Dieu ne prend pas les hommes selon les apparences, et ainsi, nos cœurs doivent changer. Nous devons agir d'une manière divine non seulement à l'extérieur ; nous devons laver notre cœur avec le sang du Seigneur chaque jour pour devenir un saint et juste enfant de Dieu.

Ce n'est pas facile pour un homme de comprendre les significations spirituelles en Dieu. Les versets 16 et 17 expliquent la signification spirituelle avec une parabole pour le rendre plus facile à comprendre par les hommes. Un homme quitte ses parents pour devenir un avec une femme (Genèse 2:24), et de la même manière, ceux qui s'unissent avec une prostituée deviennent un seul corps avec elle.

Cela signifie spirituellement qu'ils devaient être un corps avec Jésus, notre époux, mais ils ne l'ont pas fait. Jésus, notre époux est la vérité. Nous devons devenir un avec la Parole de Dieu, mai si nous suivons la contrevérité, nous serons un seul corps avec la prostituée.

Comme cela a déjà été expliqué, la prostituée se réfère à toutes espèces d'injustices qui sont opposées à la vérité. Si nous prenons une prostituée nous devenons un avec elle, et de la même manière, aimant le monde, ne vivant pas selon la Parole de Dieu, sont la 'prostituée' et un homme qui s'unit à la prostituée. Si nous nous rendons nous-mêmes impurs en devenant un avec la prostituée, nous ne pouvons être sauvés.

Mais ceux qui sont unis avec notre Seigneur deviendront un seul esprit avec le Seigneur. Le Saint-Esprit nous fait réaliser la Parole de Dieu et la croire, et il pointe nos péchés pour que nous puissions les chasser.

Comme nous vivons de plus en plus dans la vérité, nous donnons naissance à l'esprit au travers du Saint-Esprit. Nous devenons un homme d'esprit complet lorsque nous chassons les contrevérités et vivons complètement dans la vérité. À ce stade, nous avons le cœur de Jésus-Christ (Philippiens 2:5), et l'esprit du Seigneur devient un avec notre esprit.

Le verset 18 dit, «Fuyez l'impudicité. Quelque autre péché

qu'un homme commette, ce péché est hors du corps; mais celui qui se livre à l'impudicité pèche contre son propre corps.»

Il y a deux types d'immoralité. La signification physique et l'immoralité sexuelle, mais nous devons aussi comprendre la signification spirituelle.

Dieu est parfois décrit en tant qu'époux de Son peuple.

Et dans l'Ancien Testament, ceux qui ne gardent pas les commandements de Dieu mais adorent des idoles ou commettent des péchés sont décrits comme adultères. C'est-à-dire que c'est considéré comme de l'immoralité si nous ne demeurons pas dans la Parole de Dieu.

Maintenant, que signifie, «Quelque autre péché qu'un homme commette, ce péché est hors du corps»?

Lorsque nous chassons les péchés, nous ne sommes pas connectés avec le péché parce que les péchés sont en dehors du corps. Nous gagnons la liberté des péchés, la liberté de la vérité. Nous sommes connectés aux péchés parce que nous les avons en nous. Si nous les chassons et demeurons dans la lumière et la vérité, nous n'avons rien à voir avec les péchés.

Supposons que vous n'ayez aucun désir de haïr ou de tuer quelqu'un. Alors, de tels péchés n'ont rien à voir avec vous ; ils sont hors de votre corps. Mais ceux qui ont l'immoralité, c'est-à-dire ceux qui se compromettent avec le monde et commettent l'injustice, se combinent eux-mêmes avec les péchés qui étaient là dans leurs corps. Ils sont maintenant devenus un seul corps avec l'injustice.

« Ne savez-vous pas que votre corps est le temple du Saint-Esprit qui est en vous, que vous avez reçu de Dieu, et que vous ne vous appartenez point à vous-mêmes ? Car vous avez été rachetés à un grand prix. Glorifiez donc Dieu dans votre corps et dans votre esprit, qui appartiennent à Dieu. » (6:19-20)

Qui nous a donné notre corps ? C'est Dieu le Créateur. Dans l'Ancien Testament le Saint-Esprit ne demeurait pas dans le cœur des hommes, mais Il les inspirait seulement de l'extérieur pour leur donner des prophéties. Les gens ne pouvaient donc pas garder continuellement la communication avec Dieu. Après que l'inspiration était terminée, ils devaient vivre avec leur propre volonté. Mais dans le Nouveau Testament, nous pouvons communiquer tout le temps avec Dieu parce que le Saint-Esprit est venu dans nos cœurs.

Cela signifie que notre corps est devenu le sanctuaire où le Saint-Esprit demeure. Combien est-ce glorieux et précieux ! Etant donné que le Saint-Esprit demeure en nous, nous ne devons pas devenir un avec la prostituée, c'est-à-dire avec l'injustice. Le Saint-Esprit est tellement pur et saint, et combien va-t-il grogner s'il doit demeurer dans un endroit tellement sale et souillé !

Nous pouvons parfois commettre des péchés pendant que nous vivons dans la vérité. Alors nous aurons des sentiments difficiles et parfois inconfortables en nous. C'est parce que le

Saint-Esprit grogne en nous parce qu'il doit demeurer dans la souillure. Que devons-nous faire dans ce cas? Nous devons nous repentir et nous détourner rapidement pour plaire au Saint-Esprit.

Le passage continue en disant, «vous ne vous appartenez pas.» Auparavant, nous vivions comme nous le voulions, vivant dans le péché et commettant l'injustice. Mais nous sommes devenus au Seigneur au prix de Son sang. Parce qu'Il nous a racheté avec Son sang, nous ne sommes plus à notre discrétion.

Nous devons vivre selon la volonté de Dieu et du Seigneur. Nous devons lutter contre les péchés pour vivre une vie sanctifiée. Étant donné que nos corps ne nous appartiennent plus, nous ne devons plus utiliser nos corps comme s'ils nous appartenaient.

Notre Seigneur nous a rachetés en versant Son sang pur et précieux. Il nous a donné Sa grâce et la vie éternelle avec un tel prix qui ne peut être échangé avec rien d'autre dans ce monde. C'est pourquoi, nous devons rendre gloire à Dieu avec notre corps.

Nous devrions glorifier Dieu et rendre l'arôme de Christ, même pour que les incroyants puissent dire, «Je veux aller à l'église quand je te vois.» C'est la tâche des croyants en Dieu.

1 Corinthiens 10:31 dit, «*Soit donc que vous mangiez, soit que vous buviez, soit que vous fassiez quelque autre chose, faites tout pour la gloire de Dieu.*» Romains 14:7-9 dit, «*En*

effet, nul de nous ne vit pour lui-même, et nul ne meurt pour lui-même. Car si nous vivons, nous vivons pour le Seigneur; et si nous mourons, nous mourons pour le Seigneur. Soit donc que nous vivions, soit que nous mourions, nous sommes au Seigneur. Car Christ est mort et il a vécu, afin de dominer sur les morts et sur les vivants.»

Si nous croyons vraiment, nous devons chasser l'injustice et devenir un avec le Seigneur dans la vérité. Nous devons vivre pour la gloire de Dieu dans tout ce que nous mangeons, buvons et dans tout ce que nous faisons.

Chapitre 7

LE MARIAGE

- Vie de Mariage Désirable
- Signification Spirituelle de 'Se Priver'
- «Je Voudrais bien que Tous les Hommes soient comme Moi»
- Divorce
- Selon la Mesure de Foi
- La Différence entre «Œuvres externes» et «garder les Commandements»
- C'est bien pour un homme de rester comme il est
- Les Circonstances des parents d'une fille vierge ou pour les veufs et les veuves

Vie de Mariage Désirable

« Pour ce qui concerne les choses dont vous m'avez écrit, je pense qu'il est bon pour l'homme de ne point toucher de femme. Toutefois, pour éviter l'impudicité, que chacun ait sa femme, et que chaque femme ait son mari. Que le mari rende à sa femme ce qu'il lui doit, et que la femme agisse de même envers son mari. La femme n'a pas autorité sur son propre corps, mais c'est le mari; et pareillement, le mari n'a pas autorité sur son propre corps, mais c'est la femme.» (7:1-4)

Paul a dit qu'il était bon pour un homme de ne pas toucher une femme. Il voulait éviter toute espèce de test dans l'église.

Un homme qui ne touche pas une femme signifie qu'il est mieux pour nous de vivre pour Dieu en nous préparant en tant qu'épouses du Seigneur dans les derniers jours, depuis que Jésus est venu sur cette terre. Mais si nous devons entrer dans l'immoralité sans nous marier, il vaut mieux se marier.

Supposons que nous ne nous marions pas pour l'œuvre de Dieu, mais qu'ensuite nous commettons des actes d'immoralité et devenons abandonnés par Dieu. Combien cette situation serait pitoyable! Si tel est le cas, il vaut mieux se marier et éviter l'immoralité.

Le verset 3 dit que le mari et la femme doivent remplir leurs tâches respectives l'un envers l'autre. Maintenant, que signifie 'remplir sa tâche'? Le mari doit conduire la famille dans la vérité. Il doit aussi être fort et courageux comme Josué lorsque Dieu lui a parlé (Josué 1:6-9). Un homme doit posséder les attributs qui font de lui un homme ainsi que la diligence et une forte éthique de travail.

Être fort et courageux ne signifie pas qu'il doit devenir violent. Il doit être capable d'accepter et d'embrasser les autres et d'accomplir sa tâche envers sa femme et sa famille avec douceur.

Quelle est alors la tâche de la femme? Une femme ne doit pas se vanter ni élever la voix mais être obéissante et calme, endurante en toutes choses. Elle doit aussi enseigner ses enfants dans la vérité.

Ne Devons-nous avoir Aucune Autorité sur nos Propres Corps?

Maintenant, que signifie de n'avoir pas d'autorité sur son propre corps?

Un couple marié n'est pas seulement une individualité ; ils

sont un seul corps. Le mari ne peut pas exercer le plein contrôle sur son propre corps et sa femme non plus. Ils doivent être unis en tant qu'un seul cœur, discutant de toutes choses dans la paix.

Genèse 2:24 dit, «*C'est pourquoi l'homme quittera son père et sa mère, et s'attachera à sa femme, et ils deviendront une seule chair.*» Parce qu'ils sont une seule chair, ils ne peuvent pas insister sur leurs propres opinions.

Lorsque le mari a du chagrin, la femme devrait aussi avoir du chagrin avec lui. Lorsque la femme se réjouit, le mari devrait aussi se réjouir avec elle. Ils doivent être un en pensée et de cœur.

Dans une position d'autorité, l'homme est au dessus de la femme dans le mariage. Mais tous les deux doivent reconnaître l'autorité de l'autre. Le mari n'insistera pas sur ses opinions seulement s'il reconnait aussi l'autorité de sa femme.

Signification Spirituelle de 'Se Priver'

«Ne vous privez point l'un de l'autre, si ce n'est d'un commun accord pour un temps, afin de vaquer à la prière; puis retournez ensemble, de peur que Satan ne vous tente par votre incontinence. Je dis cela par condescendance, je n'en fais pas un ordre.» (7:5-6)

Il est dit, «Ne vous privez point l'un de l'autre» et nous devons le comprendre spirituellement. Cela parle de nos cœurs.

Cela signifie que le mari et la femme ne doivent pas être divisés dans leurs cœurs mais devenir un seul cœur dans la vérité. C'est difficile d'avoir une seule pensée, mais c'est possible d'avoir un seul cœur. Les croyants vivent dans la vérité, et parce qu'il n'y a qu'une seule vérité, dans cette vérité nous pouvons n'avoir qu'un seul cœur.

Cela continue en disant, «... si ce n'est d'un commun

accord pour un temps, afin de vaquer à la prière; puis retournez ensemble...» S'ils ne sont pas unis comme un seul cœur, Satan les tentera. Ils peuvent se sentir solitaires ou troublés quand ils ne sont pas unis en tant qu'un, et Satan peut les tenter dans cette situation. Ils peuvent même commettre un péché, et ainsi, ils doivent être à nouveau unis dans le cœur le plus vite possible.

Mais parfois, ils peuvent ne pas être capables d'être physiquement ensemble. Ils peuvent devoir être séparés l'un de l'autre pour accomplir le ministère de Dieu, le travail, des affaires, ou des situations personnelles.

C'est-à-dire, si l'un doit jeûner, faire une retraite dans la montagne pour la prière, ou offrir une longue prière de 100 nuits au Seigneur, ils doivent être 'privés' l'un de l'autre. Ils doivent le faire pour une bonne cause. Mais après leur prière, ils doivent à nouveau se réunir.

Il y a une chose pour laquelle nous devons être prudents dans ce sens de se priver l'un de l'autre. Supposons que nous voulions aller à l'église et prier toute la nuit. Alors, avant de faire cela, nous devons avoir l'accord de la femme. Si le mari ou la femme ne respecte pas l'avis de l'autre mais agit seulement comme il/elle veut, cela peut amener une levée des querelles. Cela signifie que la paix est brisée et que cela ne plait pas à Dieu. Leurs enfants peuvent aller de travers aussi. C'est pourquoi le mari et la femme doivent être en paix pour toutes choses.

Cela à la fois un aspect physique et spirituel, mais en fait, les significations sont les mêmes. Jésus est notre époux et nous sommes Ses épouses. Nous devons donc être unis avec notre Seigneur Jésus qui est la vérité même. Cela en retour signifie qu'en étant unis en Christ, nous serons unis et nous aurons un même cœur avec Dieu aussi. Philippiens 2:5 dit, *«Ayez en vous les sentiments qui étaient en Jésus-Christ.»* Pour faire cela, nous devons demeurer dans la vérité. Lorsque nous demeurons dans la vérité, nous sommes un avec Jésus-Christ parce que Son cœur est la vérité même.

Maintenant que se passe-t-il si nous nous privons nous-mêmes de Dieu? Sûrement, Satan nous tentera. Si nous ne sommes pas unis avec la vérité, cela signifie que nous regardons au monde, nous sommes tentés pour commettre des péchés, et nous serons ridiculisés par Satan dans nos souffrances par les tests et les épreuves qui suivent le péché. Mais, si nous avons un même cœur avec le Seigneur dans la vérité, cela signifie que nous vivons complètement selon la volonté de Dieu et nous ne ferons donc face à aucun test ou épreuve. Même si nous le faisons, Dieu travaillera pour le bien de toutes choses.

Le verset 6 dit, «Je dis cela par condescendance, je n'en fais pas un ordre.» L'apôtre Paul était un jeune homme très actif et fort avant qu'il n'accepte le Seigneur. Mais depuis le moment où il a rencontré le Seigneur, il s'est toujours réjoui, a rendu grâces continuellement au Seigneur et a changé en une sainte personne qui ressemble au Seigneur.

Comme il était rempli de générosité et d'amour, il n'a pas commandé aux autres de faire ceci ou de faire cela lorsqu'il les enseignait. Malgré qu'il soit un apôtre, il ne demandait pas au troupeau, mais il les enseignait et leur conseillait par la parole de Dieu. Si nous sommes dirigeants dans l'église, nous ne devons pas commander dans le leadership, mais conduire par l'exemple, concession et encouragement.

Il y a des temps où toute l'assemblée de l'église doit jeûner et prier pour quelque chose concernant le royaume de Dieu. Mais même à ces occasions, je dis simplement, «Nous devons faire cela en accord avec la volonté de Dieu. Si vous êtes volontaires et capables, vous pouvez participer. Mais vous devez décider de votre libre arbitre selon les œuvres du Saint-Esprit.»

Mais parfois, je vois certains leaders devenir des commandants dans leur leadership. J'ai le cœur brisé en voyant une telle chose et je leur conseille en disant, «Jésus n'est pas venu pour être servi, mais pour servir. Nous devons nous considérer comme étant inférieurs aux autres.»

Non seulement dans l'église, mais dans les relations familiales entre les parents et les enfants et dans la société dans les relations entre ceux qui sont dans des positions de leadership et ceux qui leurs sont subordonnés, dans toutes les relations, nous devons avoir une pareille humilité comme celle de l'apôtre Paul qui est le cœur du Seigneur. C'est le cœur qui guide et conduit les autres avec amour et générosité et non avec des ordres et des commandements.

«Je Voudrais bien que Tous les Hommes soient comme Moi»

> «Je voudrais que tous les hommes soient comme moi; mais chacun tient de Dieu un don particulier, l'un d'une manière, l'autre d'une autre.» (7:7)

L'apôtre Paul a parlé selon la voix claire, l'inspiration et la conduite du Saint-Esprit. C'est pourquoi ce qu'il a dit était la Parole de Dieu

Il a dit, «Je voudrais que tous les hommes soient comme moi.» Alors, pourquoi n'a-t-il pas dit qu'il voulait que tous les hommes soient comme Jésus-Christ ou Dieu, mais comme lui?

Il avait le cœur du Seigneur en aimant Dieu sincèrement et en agissant selon la vérité. Il voulait que tous puissent suivre ces choses. Que devons-nous encore apprendre de lui? Paul ne s'est pas marié. Il était non marié dans ses trois voyages missionnaires.

Dans 1 Corinthiens 9:5-12. On a relaté que Paul disait qu'il avait le droit de prendre avec lui une sœur comme femme, comme font les autres apôtres, et les frères du Seigneur, et Céphas. Mais il ne l'a pas fait pour l'évangile. Il a aussi dit qu'il voulait que tous les hommes soient «comme il l'était.»

Le verset 7 dit cependant que chaque homme a son 'don de Dieu'. Cela ne se réfère pas à ces dons comme le don de parler d'autres langues, la prophétie ou les guérisons. Cela se réfère à la grâce qu'ils ont reçue de Dieu.

Nous avons tous reçu une certaine grâce de Dieu. Avant tout, nous avons été sauvés de tomber dans la destruction de l'Enfer. Nous avons aussi reçu la vie éternelle. Nous avons été changés d'enfants du diable en enfants de Dieu et nos noms sont inscrits dans le livre de vie au ciel. Et cela fait seulement partie de la grande grâce que nous avons reçue!

Mais le niveau de la grâce est différent d'une personne à une autre. Certains peuvent dire qu'ils veulent simplement consacrer leurs vies uniquement pour Dieu. Ils ne se marient pas parce que la grâce qu'ils ont reçue de Dieu est tellement grande.

Si j'avais accepté le Seigneur et connu la vérité avant d'être marié, j'aurais aussi vécu comme l'apôtre Paul. La grâce que Dieu m'a donnée était tellement grande que j'ai voulu le payer en retour pour sa grâce de tout mon cœur, pensée, âme, force et vie en lui étant fidèle. Si la grâce une fois reçue de Dieu est tellement grande, il est bon pour un homme de demeurer célibataire comme l'apôtre Paul.

«Ceux qui ne sont pas mariés et aux veuves, je dis

qu'il leur est bon de rester comme moi. Mais s'ils manquent de continence, qu'ils se marient; car il vaut mieux se marier que de brûler.» (7:8-9)

Paul dit aux non mariés et aux veuves que c'est bon pour eux de rester comme ils sont comme Paul lui-même. Quelle en est la raison?

S'ils se marient, ils doivent prendre soin de leur épouse et en même temps servir Dieu. Alors leur pensée est divisée. Le mari peut ne pas aimer quand sa femme va prier. Il veut seulement qu'elle reste avec lui. Il y a certaines personnes qui sont très diligentes dans les œuvres de Dieu avant de se marier, mais après le mariage, elles sont trop occupées à faire grandir leurs enfants et à prendre soin de leurs affaires familiales et deviennent paresseuses dans les œuvres de Dieu. C'est pourquoi Paul a dit qu'il était bon de rester célibataire.

Mais il dit aussi que nous devons nous marier si nous n'avons pas la maîtrise de soi. Lorsque nous voyons d'autres personnes qui se marient et commencent une famille, si nous sentons que nous voulons faire la même chose, alors il est mieux pour nous de nous marier.

Dans Matthieu 5:28, Jésus a dit, *«Mais moi, je vous dis que quiconque regarde une femme pour la convoiter a déjà commis un adultère avec elle dans son coeur.»* Il est mieux d'être marié et d'avoir une famille qui sert bien Dieu plutôt que de rester célibataire et de commettre l'adultère. Ce n'est pas un péché de se marier et Dieu ne dira pas que cela Le déçoit.

Divorce

«A ceux qui sont mariés, j'ordonne, non pas moi,
mais le Seigneur, que la femme ne se sépare point de
son mari (si elle est séparée, qu'elle demeure sans se
marier ou qu'elle se réconcilie avec son mari), et que
le mari ne répudie point sa femme. Aux autres, ce
n'est pas le Seigneur, c'est moi qui dis: Si un frère a
une femme non-croyante, et qu'elle consente à habiter
avec lui, qu'il ne la répudie point; et si une femme a un
mari non-croyant, et qu'il consente à habiter avec elle,
qu'elle ne répudie point son mari.» (7:10-13)

Dans le verset 6 que c'est par concession, mais ici, pourquoi
dit-il que c'est un ordre? Lorsque vous délivrez la Parole de
Dieu, c'est un ordre. Si vous donnez votre propre opinion, c'est
une voie de concession. Nous devons connaître la différence
entre la voie de concession et l'ordre.

Il dit ici que c'est un ordre parce que ce n'est pas l'opinion personnelle de Paul, mais la communication de la volonté de Dieu. Lorsqu'un serviteur de Dieu délivre la volonté de Dieu, il ne peut pas dire, «C'est mieux d'agir ainsi, je te prie de le faire.» Il doit ordonner parce que c'est la Parole de Dieu.

Le passage ici dit que ceux qui sont mariés ne devraient pas quitter leur épouse. Cela veut dire qu'ils ne devraient pas vivre séparément ni divorcer. S'ils le font, ils ne devraient pas se remarier avec une autre personne mais demeurer célibataires et se réconcilier à nouveau avec l'épouse.

Contrairement aux incroyants; ce n'est pas bon pour les croyants de se séparer ou de divorcer. Malgré qu'il y ait des différences de personnalités et d'opinions, ils devraient se comprendre et céder l'un à l'autre. C'est la tâche des croyants d'aimer, de s'unir et de pardonner.

Cela dit aussi, «... le mari ne doit pas divorcer de sa femme.» Cela signifie que le mari ne doit pas être le premier à suggérer un divorce. De telles paroles sont uniquement pour les incroyants, pas pour les croyants.

Les versets 12 et 13 disent, *«Aux autres, ce n'est pas le Seigneur, c'est moi qui dis: Si un frère a une femme non-croyante, et qu'elle consente à habiter avec lui, qu'il ne la répudie point; et si une femme a un mari non-croyant, et qu'il consente à habiter avec elle, qu'elle ne répudie point son mari.»* Ce n'est pas la Parole de Dieu, mais l'opinion de Paul. Mais c'est pratiquement pareil à la volonté de Dieu parce que l'apôtre Paul a clairement entendu la voix du Saint-Esprit et a agi dans les voies du Seigneur.

La loi de l'Ancien Testament a dit aux israélites de ne pas épouser des Gentils. De la même manière dans le Nouveau Testament, la parallèle est faite que les croyants ne devraient pas épouser des incroyants.

Mais alors, comment pourrait-il y avoir une situation dans laquelle un des partenaires du couple n'est pas croyant? Supposons que deux incroyants se marient et plus tard, l'un d'entre eux commence à venir à l'église et devient un croyant. Dans ce cas, il est mieux que l'autre époux suive aussi en venant à l'église et en acceptant aussi le Seigneur, mais cela pourrait ne pas être le cas.

Considérons le cas de la femme qui n'accepte pas l'évangile. Un mari croyant ne peut jamais dire, «Je veux le divorce parce que tu ne veux pas venir à l'église.» Si la femme incroyante veut malgré tout vivre avec son mari croyant, il ne devrait pas divorcer d'avec elle.

Ici, nous voyons la situation qui dit, «si elle consent à vivre avec lui.» C'est pareil quand la femme devient croyante et le mari non. Mais cela ne veut pas dire que l'on peut divorcer de son époux ou de son épouse si l'épouse/l'époux ne consent pas de vivre avec lui/elle.

**«Car le mari non-croyant est sanctifié par la femme,
et la femme non-croyante est sanctifiée par le frère;
autrement, vos enfants seraient impurs, tandis que**

maintenant ils sont saints.» (7:14)

Le passage dit que nous ne devons pas divorcer d'une femme ou d'un mari incroyant, et la raison en est expliquée dans ce verset. Par exemple, lorsque la femme est croyante et que le mari ne l'est pas, la femme devrait prier pour le salut de son mari et essayer de l'évangéliser. De même la femme qui avait l'habitude de se quereller avec son mari et de se fâcher contre lui, devient gentille et sert son mari avec douceur, il devrait finalement ouvrir son cœur.

Tandis que la femme raconte à son mari ses expériences dans la foi et donne la Parole de Dieu, il pourrait ne pas être intéressé au début, mais cela sera planté petit à petit dans son cœur. Finalement, toutes ces semences vont créer une chance pour lui d'accepter le Seigneur. Comme le mari commence à venir à l'église et à vivre selon la Parole de vérité, il deviendra graduellement sanctifié.

C'est bien moins commun d'avoir un mari croyant et une femme incroyante, mais la situation est la même. Si le mari conduit la famille avec un bon exemple, s'il aide aussi dans les tâches ménagères, et si de temps à autre il fait à sa femme de petits cadeaux, lui montre de l'attention et l'aime aussi beaucoup, la femme va aussi l'écouter. Finalement, elle pourra aussi accepter l'évangile, écouter la parole, venir à l'église et finalement devenir également sanctifiée.

Le verset 14 dit, «... autrement, vos enfants seraient impurs, tandis que maintenant ils sont saints.» Qu'est-ce que cela signifie? Dans le cas ou seulement un des membres du couple marié vient à l'église, l'enfant sera généralement plus sous l'influence du parent incroyant.

Supposons que son mari vient à l'église et la femme non. Alors la femme n'écoutera pas son mari. Cela signifie que la femme est plus têtue que son mari. Ainsi leurs enfants seront influencés par la mère incroyante et n'auront pas la foi.

Supposons aussi que la femme est croyante et que le mari ne l'est pas. Dans ce cas le mari ne l'écoutera pas mais la persécutera plutôt. De plus, par son exemple il apprendra à ses enfants à ne pas venir à l'église. Le verset 14 signifie donc que, si les deux parents ne sont pas croyants ou quand un des parents n'est pas croyant, ce n'est pas facile pour leurs enfants de devenir sanctifiés.

À la fin du verset, il est écrit, «mais maintenant, ils sont saints.» Laissez-moi vous expliquer ce que cela signifie. Quand un des parents mène une vie exemplaire et délivre constamment l'évangile à l'autre époux, les deux vont finalement devenir croyants. Ils changeront aussi de plus en plus vers la vérité. Lorsque les parents deviennent sanctifiés, les enfants deviendront naturellement sanctifiés comme leurs parents.

«Si le non-croyant se sépare, qu'il se sépare; le frère ou la soeur ne sont pas liés dans ces cas-là. Dieu nous a appelés à vivre en paix. Car que sais-tu, femme, si tu sauveras ton mari? Ou que sais-tu, mari, si tu sauveras

ta femme?» (7:15-16)

Cela signifie que si le mari incroyant ou la femme incroyante veut le divorce, l'épouse croyante peut aller de l'avant et divorcer. Mais cela ne veut pas dire que nous pouvons divorcer d'une épouse incroyante. Cela ne peut se produire que dans des situations extrêmes.

Par exemple, si la situation vous force à choisir soit votre mari ou l'église, que feriez-vous? Vous ne pouvez pas choisir votre mari au dessus de Dieu et tomber en Enfer. Si le mari devient aussi violent et dit, «Je divorcerai de toi avant que je ne t'autorise à aller à l'église!» alors ce n'est pas un péché que de divorcer.

Dans ce cas, si elle quitte Dieu et Lui tourne le dos avec la peur d'être persécutée ou de recevoir le divorce, cela signifie en premier lieu qu'elle n'a pas la foi. Elle choisit le chemin vers l'enfer parce qu'elle n'a pas de foi.

Matthieu 10:28 dit, *«Ne craignez pas ceux qui tuent le corps et qui ne peuvent tuer l'âme; craignez plutôt celui qui peut faire périr l'âme et le corps dans la géhenne.»* Les hommes peuvent tuer le corps mais pas l'âme.

Les hommes peuvent avoir le contrôle sur la vie physique dans ce monde momentané, mais seul Dieu peut mettre notre âme soit au Ciel, soit en Enfer. C'est pourquoi, nous devons craindre Dieu plutôt que l'homme. Nous devons obéir à la Parole de Dieu avec une peur révérende envers Lui.

Mais nous ne devons pas légèrement penser que nous

pouvons divorcer. Nous pouvons comprendre le cœur de
Dieu dans la phrase qui dit, «Dieu nous a appelé à la paix.»
C'est-à-dire, Dieu veut que nous ayons une famille pacifique
et confortable. C'est pourquoi nous devons essayer de ne pas
divorcer, mais de faire tout ce que nous pouvons pour rendre
notre mariage beau et agréable, de sorte que l'époux incroyant
puisse être sauvé par nous.

Selon la Mesure de Foi

«Seulement, que chacun marche selon la part que le
Seigneur lui a faite, selon l'appel qu'il a reçu de Dieu.
C'est ainsi que je l'ordonne dans toutes les Églises.
Quelqu'un a-t-il été appelé étant circoncis, qu'il
demeure circoncis; quelqu'un a-t-il été appelé étant
incirconcis, qu'il ne se fasse pas circoncire.» (7:17-18)

Le Seigneur nous a donné le don du Saint-Esprit pour nous
conduire vers le royaume des cieux. Le Saint-Esprit nous fait
réaliser la vérité et reconnaître le péché. Le Saint-Esprit nous
sauve au travers de notre foi.

«Que chacun marche selon la part que le Seigneur lui a
faite,» signifie que nous devons agir selon la mesure de notre
foi. Nous pouvons seulement agir selon la grâce du Seigneur qui
nous est donnée dans la mesure où notre foi grandit.

Nous ne pouvons pas mettre la pression sur les nouveaux

venus à l'église en disant, «Vous devez fermer votre magasin le dimanche,» ou «vous serez punis si vous ne payez pas vos dîmes.» A ces bébés spirituels qui ne peuvent boire que du lait, si vous leur donnez de la nourriture solide ou de la viande, ils auront un problème avec cela. Nous devons enseigner les autres avec sagesse selon la mesure de foi de chacun.

Alors, le passage dit, «Quelqu'un a-t-il été appelé étant circoncis, qu'il demeure circoncis; quelqu'un a-t-il été appelé étant incirconcis, qu'il ne se fasse pas circoncire.»

Les hommes en Israël sont circoncis le 8ème jour de sa naissance. C'est le symbole de l'alliance avec Dieu que Dieu a faite avec Abraham en disant, «Je suis ton Dieu qui te garde et qui te conduit vers le salut, et vous êtes Mon peuple.»

Le but physique de la circoncision est pour des raisons de propreté et sanitaires. Spirituellement cela symbolise l'établissement d'une alliance avec Dieu. Au temps de l'Ancien Testament, ils n'avaient pas reçu le Saint-Esprit. Mais au travers de la circoncision ils pouvaient s'approcher de Dieu. Dans le Nouveau Testament nous ne sommes pas sauvés par nos œuvres, et donc nous devons être circoncis dans nos cœurs pour vider notre cœur des choses impures par le Saint-Esprit.

«Etre appelé quand on est déjà circoncis» signifie que la personne est l'une parmi le peuple de Dieu état donné qu'il a le symbole de l'alliance de Dieu. Les incirconcis se réfèrent aux Gentils. Dire aux circoncis de ne pas devenir incirconcis signifie qu'en tant que peuple de Dieu, ils doivent vivre dans la vérité et ne pas se détourner de la foi. En tant qu'enfants de Dieu, nous ne devons pas vivre selon les gens du monde qui commettent des péchés et se compromettent avec le monde, comme les incirconcis.

Aussi, «être appelé alors qu'il était incirconcis» signifie être appelé en tant que Gentil. Ainsi, dire à une personne de ne pas être circoncis signifie que la personne ne doit pas mener une vie chrétienne comme les juifs qui pratiquent la loi pour recevoir le salut. Ceux qui sont appelés en tant que Gentils sont sauvés par la foi en Jésus-Christ, non par des œuvres externes.

La Différence entre «Œuvres externes» et «garder les Commandements»

> «La circoncision n'est rien, et l'incirconcision n'est rien, mais l'observation des commandements de Dieu est tout. Que chacun demeure dans l'état où il était lorsqu'il a été appelé.» (7:19-20)

Nous sommes venus devant Dieu par Son appel. Et ainsi, nous ne devons pas être circoncis comme dans l'Ancien Testament. Un tel acte n'est pas le chemin du salut. Ce ne peut pas non plus devenir notre récompense dans les cieux.

Alors, que devons-nous faire? Le passage ci-dessus nous dit nous dit que nous pouvons montrer la preuve de notre amour pour Dieu et aller sur le chemin du salut en gardant les commandements de Dieu.

Certaines personnes peuvent se méprendre sur la signification. Certaines personnes disent, «Maintenant, nous vivons dans le Nouveau Testament, et nous ne sommes pas sauvés par les œuvres de la Loi. Nous sommes sauvés par la foi. » Elles disent cela parce qu'elles ne comprennent pas ce qu'est la foi.

Maintenant, quelle est la différence entre « œuvres externes » et « garder les commandements » ? Garder les commandements de Dieu se réfère à la circoncision du cœur. C'est le fait de chasser les choses impures non seulement dans les actes mais aussi de nos cœurs et de vivre une vie propre selon la Parole de Dieu.

Dans l'Ancien Testament, tant qu'ils gardaient la Loi extérieurement, ils ne péchaient pas du tout. Par exemple, s'ils avaient des pensées adultères lorsqu'ils regardaient une femme, ce n'était pas considéré comme un péché, parce que ce n'était pas quelque chose d'accompli, causé ou commis dans les actes.

Mais dans le Nouveau Testament, avoir une telle pensée est considéré comme un péché. De plus, nous devons chasser ce cœur impur lui-même. Non seulement les actes, mais aussi, lorsque nous chassons le mensonge du cœur de notre être intérieur, nous pouvons dire que nous gardons réellement les commandements.

C'est inutile de juste suivre le chemin des œuvres externes sans changer notre cœur, parce que nous ne sommes pas sauvés par nos œuvres. Même si nous assistons à l'église le Dimanche et donnons nos dîmes, nous ne pouvons pas être sauvés si nous ne vivons pas selon la vérité et commettons encore des actes injustes. Si nous vivons dans l'iniquité, sans circoncision de notre cœur, Dieu ne peut pas dire que nous avons la foi.

C'est pourquoi l'apôtre Paul nous dit de ne pas devenir les circoncis ou les incirconcis mais uniquement de garder les commandements de Dieu.

Romains 10:10 dit, *«Car c'est en croyant du coeur qu'on parvient à la justice, et c'est en confessant de la bouche qu'on parvient au salut.»* Comme relaté, ceux qui croient dans le cœur garderont le commandement de Dieu. Ils chasseront les péchés de leurs cœurs et garderont ce qu'Il ordonne. De cette manière, ils circoncisent leur cœur et deviennent justes.

«Que chacun demeure dans l'état où il était lorsqu'il a été appelé.» (7:20)

Le verset 20 dit, «Que chacun demeure dans l'état où il était lorsqu'il a été appelé.» Cela signifie que lorsque nous avons accepté Jésus-Christ, nous devons montrer nos œuvres et notre amour dans la vérité. (1 Jean 3:18).

Certaines personnes disent, «je ne peux pas aller à l'église parce que je suis un ivrogne.» D'autres disent qu'elles ne peuvent pas aller à l'église le Dimanche parce qu'elles doivent 'ouvrir leur magasin' ou elles trouvent d'autres raisons pour travailler le Dimanche. Mais Dieu dit que nous devons venir devant Lui dans nos situations données et faire de notre mieux pour être fidèles dans les actes et en vérité.

«As-tu été appelé étant esclave, ne t'en inquiète

pas; mais si tu peux devenir libre, profites-en plutôt. Car l'esclave qui a été appelé dans le Seigneur est un affranchi du Seigneur; de même, l'homme libre qui a été appelé est un esclave de Christ.» (7:21-22)

La plupart des gens appartiennent à une organisation ou à un groupe. Ce passage nous dit de ne pas nous en faire si nous sommes appelés en étant esclaves de quelque chose d'autre. Malgré que notre corps soit lié par quelqu'un ou quelque chose, notre cœur peut chercher Dieu et suivre la vérité.

Bien sûr, ce serait beaucoup mieux d'avoir la liberté dans notre religion. C'est mieux de travailler fidèlement pour le royaume de Dieu plutôt que d'être lié. C'est pourquoi les deux situations sont OK, mais bien sûr, c'est mieux d'avoir la liberté.

Le verset 22 dit, «Car l'esclave qui a été appelé dans le Seigneur est un affranchi du Seigneur.»

Nous appartenons au Seigneur si nous ouvrons notre cœur et si nous acceptons Jésus-Christ. Dans le passage, 'un esclave' peut être divisé en deux catégories.

La première est un esclave lié dans le monde. Cela ne veut pas dire n'importe quel esclave dans le monde. Mais cela se réfère aux gens qui sont esclaves d'un travail dans le monde mais qui offrent leurs cœurs au Seigneur. Lorsqu'ils obéissent aux commandements du Seigneur avec ce type de cœur, ils seront libres dans le Seigneur comme relaté dans Jean 8:32, qui dit, «*Vous connaitrez la vérité et la vérité vous affranchira.*»

Il y a aussi des esclaves qui sont liés avec le Seigneur. Ce sont les serviteurs et les ouvriers de Dieu qui travaillent dans l'église en servant Dieu. Ce sont aussi des hommes libres dans le Seigneur.

Certains nouveaux convertis ; ceux qui ne connaissent pas bien la vérité, ou ceux qui ont d'une certaine manière été forcés de prendre une tâche dans l'église disent qu'ils sont liés par le Seigneur et qu'ils n'ont pas de liberté. Ils pensent qu'ils sont liés par Dieu ou l'église, mais en fait, ils ne sont pas liés mais libres. Pourquoi en est-il ainsi?

S'ils ne sont pas appelés en tant que serviteurs du Seigneur, quels serviteurs seraient-ils devenus? Ils auraient dû devenir des serviteurs de ce monde, les serviteurs de l'ennemi diable et Satan. Ils ont été libérés de leurs chaines et ont gagné la véritable liberté. Et ils vont sur le chemin de la vie éternelle. C'est en fait la vraie liberté.

Si vous devenez pasteur ou prenez des tâches dans l'église, cela signifie que vous travaillez pour le royaume de Dieu et Sa justice, et pour les frères dans la foi. C'est le chemin pour recevoir la vie éternelle, les bénédictions sur la terre et les récompenses dans les cieux.

C'est le chemin pour vous d'être spirituellement et physiquement en bonne santé, de faire prospérer votre âme et pour vos frères dans la foi de prospérer. C'est le chemin de la joie et le bon chemin. Et ainsi nous devons faire de notre mieux pour les œuvres du Seigneur et gagner la vraie foi, la paix et la liberté.

Considérant cela, Paul a dit, «celui qui a été appelé étant libre» et tout de suite après, pourquoi dit-il qu'une telle personne est 'esclave de Christ'? Un esclave doit obéir sans conditions à son maître. Un serviteur de Dieu sert Dieu en tant que maître, et il ne devrait donc avoir aucune de ses idées propres mais uniquement suivre l'idée de Dieu, qui est la vérité.

C'est pourquoi, nous sommes libres de suivre le chemin de la vie éternelle. Nous sommes esclaves liés dans le cadre de la vérité devant Dieu. Nous pouvons être des hommes réellement libres lorsque nous devenons esclaves dans la vérité.

«Vous avez été rachetés à un grand prix; ne devenez pas esclaves des hommes. Que chacun, frères, demeure devant Dieu dans l'état où il était lorsqu'il a été appelé.» (7:23-24)

Pour nous donner la vraie vie, Dieu nous a rachetés avec le sang précieux de Son Fils unique. C'est pourquoi, nous ne nous appartenons pas, mais à Dieu. Si nous ne recevons pas de bénédictions, c'est parce que nous ne donnons pas nos vies à Dieu. Nous pouvons jouir du vrai bonheur et la vraie liberté et nous pouvons aussi marcher avec Dieu dans la prospérité quand nous lui donnons tout ce que nous avons.

Comme l'apôtre Paul l'a confessé dans 1 Corinthiens 15:31, disant, *«Je meurs chaque jour»* nous devons aussi mourir chaque jour et nous rendre obéissants dans la vérité. Alors Dieu peut contrôler nos pensées et notre intelligence. Nous serons capables d'entendre clairement la voix du Saint-Esprit et d'être conduits sur le chemin de la prospérité.

«Ne devenez pas esclaves des hommes» ne signifie pas que nous ne devons pas être liés dans un travail dans le monde. Cela signifie que nous ne devons pas suivre la loi des hommes qui est opposée à la vérité. Jésus a aussi dit dans Matthieu 10:28, *«Ne craignez pas ceux qui tuent le corps et qui ne peuvent tuer l'âme; craignez plutôt celui qui peut faire périr l'âme et le corps dans la géhenne.»*

Notre corps n'est que temporaire et tout le monde meurt, mais nos esprits vivront à jamais. Nous ne devons donc pas craindre les hommes qui peuvent tuer le corps mais uniquement Dieu qui dirige nos esprits.

Du temps de Daniel, son roi a été trompé par le complot de ses ministres et a édité un décret qui interdisait à quiconque de prier un quelconque Dieu ou homme autre que le roi lui-même pendant un mois. Mais Daniel n'a pas obéi parce que ne n'était pas en accord avec la vérité.

Sachant qu'il serait jeté dans la fosse aux lions, il a violé la loi du pays pour être agréable à Dieu. Il n'avait pas peur de gens qui pouvaient tuer son corps, mais craignait uniquement son Dieu. Il a suivi la loi de Dieu et finalement, Dieu a travaillé pour le bien de toutes choses.

Dans Actes chapitre 4, nous voyons une scène dans laquelle les sacrificateurs, les chefs du peuple, les anciens et les scribes ont menacé les apôtres en leur ordonnant de ne pas prêcher au sujet de Jésus-Christ. Mais Pierre et Jean leur ont répondu et leur ont dit, «*Pierre et Jean leur répondirent: Jugez s'il est juste, devant Dieu, de vous obéir plutôt qu'à Dieu; car nous ne pouvons pas ne pas parler de ce que nous avons vu et entendu.*» (V. 19-20)

Ils voulaient dire qu'ils suivraient la Parole de Dieu, pas les paroles des hommes, parce que Dieu leur ordonnait de prêcher l'évangile et de ne pas craindre les persécutions. Nous ne devons pas devenir les serviteurs des hommes, mais uniquement obéir à la Parole de Dieu qui nous a rachetés avec un prix et nous conduit vers la vie éternelle.

Le verset 24 dit, «Que chacun, frères, demeure devant Dieu dans l'état où il était lorsqu'il a été appelé.» Qu'est-ce que cela signifie? Cela veut dire que nous pouvons vivre dans la condition dans laquelle nous avons été appelés. Nous ne devrions pas dire 'je voudrais être fidèle à Dieu, et je vais quitter mon travail et faire uniquement le ministère de Dieu.'

Nous devons vivre selon la Parole de Dieu de plus en plus, rendre l'arôme de Christ et donner gloire à Dieu en sauvant d'autres âmes qui se trouvent dans la situation où nous nous trouvions nous-mêmes un jour.

C'est bien pour un homme de rester comme il est

> «Pour ce qui est des vierges, je n'ai point d'ordre du Seigneur; mais je donne un avis, comme ayant reçu du Seigneur miséricorde pour être fidèle. Voici donc ce que j'estime bon, à cause des temps difficiles qui s'approchent: il est bon à un homme d'être ainsi.» (7:25-26)

Paul dit qu'il n'a pas commandement concernant les vierges. Dans la Bible, que ce soit dans l'Ancien ou dans le Nouveau Testament, il n'y a pas de conduite concernant le mariage des vierges. Notre Seigneur est miséricordieux, juste et rempli d'amour. Sans aucune plainte, regret ou ressentiment, même sous les persécutions, l'apôtre Paul a été fidèle jusqu'à la mort pour ce Seigneur.

Et ce Paul a donné son opinion. Etant donné qu'il n'y avait pas de commandement spécifique de Dieu concernant les vierges, il a dit dans le verset suivant «je donne une opinion». Mais il parlait sous l'inspiration du Saint-Esprit. C'est pourquoi il a aussi insisté sur le point en disant «comme ayant reçu du Seigneur miséricorde pour être fidèle.»

Le verset 26 dit à cause des temps difficiles qui s'approchent qu'il est bon pour un homme de rester comme il est. Les croyants savent que leurs noms sont inscrits dans le livre de vie dans les cieux. Ils savent aussi que lorsque le Seigneur revient, il y aura la Grande Tribulation, le Royaume du Millénium et le Jugement du Grand Trône Blanc. Ici, en disant, 'temps difficiles qui s'approchent' Paul ne dit pas que le Seigneur reviendra bientôt dans les airs.

Ce sont les temps difficiles qui existent pour tout le monde. Certains meurent à un jeune âge, d'autres, en bonne santé vivent seulement pour soixante-dix ou quatre-vingt ans. Lorsqu'ils ont face à la mort physique, ils n'ont d'autre choix que de se tenir devant le jugement de Dieu. C'est pourquoi les temps difficiles sont présents pour tous, à la fois pour ceux qui ont vécu il y a deux mille ans et pour ceux qui vivent aujourd'hui.

Paul a dit qu'il était bon pour un homme de demeurer tel qu'il est. Le verset suivant explique la raison pourquoi.

«Es-tu lié à une femme, ne cherche pas à rompre ce lien; n'es-tu pas lié à une femme, ne cherche pas une femme. Si tu t'es marié, tu n'as point péché; et si la vierge s'est mariée, elle n'a point péché; mais ces

personnes auront des tribulations dans la chair, et je voudrais vous les épargner.» (7:27-28)

Être lié par une femme signifie qu'une personne est mariée. Le verset 4 de ce chapitre dit que la femme n'a pas autorité sur son propre corps, mais le mari oui. Et de la même manière, le mari n'a pas autorité sur son propre corps, mais sa femme oui. Les maris et les femmes sont liés l'un à l'autre, n'ayant pas autorité sur leur propre corps.

Rompre le lien signifie se séparer ou divorcer, et ainsi, 'ne cherche pas à rompre ce lien' signifie que nous ne devons pas rechercher le divorce. Aussi, si nous sommes déjà divorcés, ou si l'épouse est décédée, Paul nous presse à demeurer «tels que nous sommes.»

Bien sûr, ce n'est pas un péché de se marier. La raison pour laquelle Paul a dit cela est parce qu'il les aimait beaucoup. C'est-à-dire que nous aurons des tribulations quand nous sommes mariés.

Par exemple, si un homme demeure célibataire, il peut aimer Dieu et être fidèle à Dieu autant qu'il veut. Il peut aussi s'occuper d'autres âmes et aussi offrir des veillées de prières, parce qu'il n'est lié par personne.

Mais s'il est marié, il aura certaines détresses dans la vie parce qu'il n'a pas une telle liberté sur sa propre vie. Il doit prendre la responsabilité de sa famille en travaillant dur. Malgré qu'il veuille faire quelque chose pour Dieu, il doit parfois rester avec sa femme et ses enfants. Surtout en tant que femme, elle pourrait même ne pas être capable d'aller à l'église le Dimanche si le mari n'a pas de foi.

> «Voici ce que je dis, frères, c'est que le temps est court; que désormais ceux qui ont des femmes soient comme n'en ayant pas, ceux qui pleurent comme ne pleurant pas, ceux qui se réjouissent comme ne se réjouissant pas, ceux qui achètent comme ne possédant pas, et ceux qui usent du monde comme n'en usant pas, car la figure de ce monde passe.» (7:29-31)

Ce passage illustre clairement quel type de vie les croyants devraient mener dans un temps où la Seconde Venue du Seigneur est proche.

Il est dit, «désormais ceux qui ont des femmes soient comme n'en ayant pas.» Cela ne veut pas dire que nous devons divorcer! Cependant, malgré que quelqu'un soit lié à sa femme, il ne peut y avoir de cas où il ne fait pas ce qu'il est supposé faire pour Dieu parce qu'il se préoccupe plus de sa femme. Il doit donner ce qui doit être donné à Dieu, et il doit aussi être fidèle à sa famille. Il doit accomplir sa tâche en tant que mari. Mais il ne peut mettre sa femme avant Dieu.

Il est aussi dit, «... ceux qui pleurent comme ne pleurant pas.» Malgré qu'il y ait de nombreuses larmes, regrets et douleurs dans ce monde, nous devons nous réjouir et être reconnaissants dans l'espérance du royaume des cieux même dans les tests et les épreuves. Nous devons vivre dans la grâce de

Dieu, préparant notre huile.

Alors que signifie, «ceux qui se réjouissent comme ne se réjouissant pas»?

Supposons que vous ayez reçu des bénédictions et que vous êtes heureux. Mais si vous allez vers une personne qui se lamente et montrez votre bonheur en disant que vous avez reçu des bénédictions, cette personne pourrait encore plus se lamenter. C'est pourquoi nous devons être prudents eu égard à cette situation.

Alors, il est écrit, «... Ceux qui achètent comme ne possédant pas.» Cela signifie que ceux qui sont riches sur la terre ne devraient pas essayer de montrer qu'ils sont riches. Même si nous sommes très prospères, cela ne signifiera plus rien lorsque le Seigneur reviendra. Nous ne devons pas nous glorifier de choses qui périssent et disparaissent, nous devons être satisfaits de ce que nous avons et être fidèles à Dieu.

Comme nous nous approchons de la Seconde Venue du Seigneur, ceux qui utilisent les choses dans le monde doivent devenir comme ceux qui n'en font pas usage. De nombreuses choses de ce monde sont utilisées comme idolâtrie, l'extravagance, le plaisir et le jeu d'argent et cela n'est pas juste aux yeux de Dieu.

C'est pourquoi, nous devons avoir de la maîtrise de soi sur ces choses. Nous ne devrions pas vivre dans un tel luxe qui fait chuter les frères dans la foi. De plus, si une personne nage dans le luxe, lorsque la situation n'est pas adéquate, les gens le regarderont comme inutile.

La raison pour laquelle nous devons faire toutes ces choses est parce que tout dans ce monde passera. Tout sur la terre est inutile et cela finira par périr. Nous ne pouvons rien emporter de physique de ce monde lorsque le Seigneur nous appelle. Tout retournera à rien. Si la prospérité et l'abondance dont nous jouissons nous fait chuter, il n'est pas bon de garder ces choses.

«Or, je voudrais que vous soyez sans inquiétude. Celui qui n'est pas marié s'inquiète des choses du Seigneur, des moyens de plaire au Seigneur; et celui qui est marié s'inquiète des choses du monde, des moyens de plaire à sa femme. Il y a de même une différence entre la femme et la vierge: celle qui n'est pas mariée s'inquiète des choses du Seigneur, afin d'être sainte de corps et d'esprit; et celle qui est mariée s'inquiète des choses du monde, des moyens de plaire à son mari.» (7:32-34)

Le Seigneur dit dans Luc 16:13, *«Vous ne pouvez pas servir Dieu et Mammon.»* Cela nous dit que nous ne devons pas avoir de duplicité de pensée. Un homme qui n'est pas marié est capable de ne chercher que Dieu. Il passera son temps de loisir à plaire à Dieu et à travailler pour le royaume de Dieu et Sa justice.

Mais quand il se marie, il doit prendre soin de sa famille et d'autres choses du monde, et il est donc plus difficile pour lui d'être fidèle à Dieu.

Dans le cas de la femme, des veuves ou des femmes célibataires, elles aussi seront capables de se concentrer à plaire à Dieu dans leurs vies. Elles peuvent lutter pour vivre une vie sainte en essayant de se préparer en tant qu'épouses du Seigneur.

Mais quand elles sont mariées, leur pensée est divisée. Elles doivent penser à de telles choses comme comment plaire à leur mari, maintenir leur apparence et recevoir son amour et son attention. Bien sûr, cela ne signifie pas que ces choses sont mauvaises. Une femme doit faire ainsi, si elle le peut, c'est mieux pour elle de recevoir de l'amour de son mari et d'avoir une famille heureuse.

«Je dis cela dans votre intérêt; ce n'est pas pour vous prendre au piège, c'est pour vous porter à ce qui est bienséant et propre à vous attacher au Seigneur sans distraction.» (7:35)

Paul a parlé au sujet des conséquences du mariage et maintenant, dans ce verset, il dit qu'il est meilleur de s'offrir soi-même au Seigneur sans aucun blâme ni tache en ayant l'espérance pour et connaissant les récompenses dans le royaume des cieux.

Paul a dit ces choses non pour nous donner des fardeaux, mais pour notre intérêt personnel. Il explique ce qui est plus profitable et pourquoi. Se marier n'est pas un péché, et si vous désirez vous marier, vous ne devez pas laisser ces versets vous lier à quelque chose que vous ne désirez pas ardemment.

De plus, ce n'est pas un type de foi ordinaire si vous pouvez vous offrir vous-même en tant qu'homme ou femme célibataire de nos jours. Vous ne pouvez le faire que si vous aimez Dieu au plus haut point et pour cela, vous ne devez pas faire de vœu inconsidéré que vous ne vous marierez pas.

Bien sûr, si vous réalisez vraiment l'amour de Dieu profondément dans votre cœur, et si vous en êtes tellement reconnaissant, Dieu acceptera avec joie si vous viviez pour Lui seul. Si vous servez Dieu et servez aussi le monde, vous serez occupés et distraits. C'est pourquoi Paul a expliqué en toute logique en nous donnant la volonté de Dieu.

Les Circonstances des parents d'une fille vierge ou pour les veufs et les veuves

«Si quelqu'un regarde comme déshonorant pour sa fille de dépasser l'âge nubile, et comme nécessaire de la marier, qu'il fasse ce qu'il veut, il ne pèche point; qu'on se marie. Mais celui qui a pris une ferme résolution, sans contrainte et avec l'exercice de sa propre volonté, et qui a décidé en son coeur de garder sa fille vierge, celui-là fait bien. Ainsi, celui qui marie sa fille fait bien, et celui qui ne la marie pas fait mieux.» (7:36-38)

Paul parle à un père qui a une fille qui est assez âgée pour se marier. Le père a une considérable mesure de foi et il ne veut pas que sa fille se marie. Mais Paul explique aussi le cas où il y a une opposition à cette idée du père en disant, «...Si quelqu'un regarde comme déshonorant pour sa fille de dépasser l'âge nubile.»

Par exemple, la mère de la fille insiste sur le fait que leur fille se marie ou la fille elle-même veut se marier. Ainsi, dans la foi du père il ne veut pas que sa fille se marie. Mais quand il y a d'autres situations, persécutions ou tests sur le père à cause du fait que sa fille ne se marie pas, alors c'est Ok de la laisser se marier, parce que ce n'est pas un péché de se marier.

Le cas opposé est expliqué au verset 37. Le père qui a une fille vierge a une foi ferme et il veut suggérer que sa fille marche dans le chemin des bénédictions. Il n'y a pas d'autre situation, ni de persécution ni de test. Dans ce type de cas, n'étant sous aucune contrainte, s'il a de l'autorité sur sa propre volonté et a décidé de garder sa fille une fille vierge, il fera bien.

Aujourd'hui, les parents pourraient ne plus avoir une telle autorité, mais il y a longtemps, les gens se mariaient selon la volonté de leurs parents. Mais aujourd'hui, l'opinion des enfants compte plus que celle des parents.

Il est meilleur dans la foi de garder une fille vierge, mais vous ne devez pas vous en soucier. C'est seulement meilleur aux yeux de Dieu qu'une femme célibataire reste célibataire. Et ce n'est pas un péché ni une transgression que de se marier.

«Une femme est liée aussi longtemps que son mari est vivant; mais si le mari meurt, elle est libre de se marier à qui elle veut; seulement, que ce soit dans le Seigneur. Elle est plus heureuse, néanmoins, si elle demeure comme elle est, suivant mon avis. Et moi aussi, je crois avoir l'Esprit de Dieu.» (7:39-40)

Quand une femme se marie comme dans 1 Corinthiens 7:4, elle est liée à son mari. Mais si le mari meurt, elle est libre de se remarier. Mais cela ne peut se passer que dans le Seigneur, ce qui veut dire qu'elle doit trouver un mari parmi les croyants. Un croyant doit trouver son conjoint parmi les croyants. On en a beaucoup parlé dans l'Ancien et dans le Nouveau Testament.

Certains disent, «n'est-il pas bon pour un croyant de rencontrer un incroyant et de conduire cette personne vers Dieu?» Si cela peut se produire, ce serait très bien. Mais dans la plupart des cas, cela ne se produit pas.

Un jour, un membre féminin de l'église est venue me consulter. Elle avait assisté à l'église avant de se marier et quand son mari a fait sa demande, il n'était pas croyant. Elle l'a donc refusé en lui disant qu'elle ne pouvait pas épouser un incroyant.

Alors cet homme a aussi commencé à fréquenter l'église et finalement ils se sont mariés.

Mais il a changé d'avis après le mariage et a arrêté de venir à l'église. De plus non seulement il ne venait plus à l'église, mais il a persécuté sa femme parce qu'elle allait à l'église. C'est un cas très pitoyable!

L'ennemi diable et Satan incitent certaines personnes autour de nous pour enlever notre foi. Comme un lion rugissant, le diable cherche quelqu'un à dévorer. A moins que nous ne nous tenions sur le rocher de la foi, nous pouvons être trompés par Satan et poussés au compromis et nous pourrions même nous éloigner de Dieu.

Le verset 40 explique quelle option est la meilleure. Nous avons la liberté de choix si oui ou non, nous allons nous marier. Mais le verset dit qu'il vaut mieux pour ceux qui ont l'amour et la passion pour Dieu de rester célibataire.

Aussi, la raison pour laquelle Paul a dit, «Et moi aussi, je crois avoir l'Esprit de Dieu,» est parce que les gens pourraient penser que c'était seulement l'opinion personnelle de Paul, parce qu'il a dit, 'suivant mon avis'.

Ce verset a deux sens à considérer. Le premier est : «j'ai reçu le Saint-Esprit et je parle selon le Saint-Esprit.» L'autre est : «Je suis aussi dévoué à Dieu sans être marié. J'ai choisi ce qui est le mieux en accord avec la volonté du Saint-Esprit.»

L'auteur :
Dr. Jaerock Lee

Le Dr. Jaerock Lee est né à Muan, dans la Province de Jeonam, en République de Corée en 1943. Dans sa vingtaine, le Dr. Lee a souffert d'une variété de maladies incurables pendant sept ans et il a attendu la mort avec aucun espoir de récupérer. Un jour du printemps 1974 il a été conduit dans une église par sa soeur et lorsqu'il s'est agenouillé pour prier, le Dieu vivant l'a immédiatement guéri de toutes ses maladies.

Dès que le Dr. Lee a rencontré le Dieu vivant au travers de cette merveilleuse expérience, il a aimé Dieu de tout son cœur et sincérité, et en 1978, il a été appelé à devenir un serviteur de Dieu. Il a prié avec ferveur de manière à clairement connaître la volonté de Dieu, l'a complètement accomplie et a obéi à toute la parole de Dieu. En 1982, il a fondé l'Eglise Centrale Manmin à Séoul en Corée et d'innombrables œuvres de Dieu, incluant des guérisons miraculeuses et des prodiges ont eu lieu dans son église.

En 1986, le Dr. Lee a été ordonné en tant que pasteur lors de l'Assemblée annuelle de l'Eglise Sungkyul Jésus de Corée, et quatre ans plus tard, en 1990, ses sermons ont commencé à être retransmis en Australie, en Russie, aux Philippines et dans beaucoup d'autres nations au travers de la Société de Retransmission d'Asie, la Station asiatique de retransmission et le Système Chrétien Radio de Washington.

Trois ans plus tard, en 1993, l'Eglise Centrale Manmin a été sélectionnée comme l'une des «50 Plus grandes églises du monde» par le magazine 'Monde Chrétien' (USA) et il a reçu un doctorat honoraire en Divinité du Collège de Foi Chrétien, en Floride, USA. Et en 1996, un Ph.D du ministère du Séminaire Théologique Kingsway, Iowa, USA.

Depuis 1993, le Dr Lee a pris la direction de la mission mondiale au travers de nombreuses croisades outremer, aux USA, en Tanzanie, en

Argentine, en Ouganda, au Japon, au Pakistan, aux Philippines, au Honduras, au Kenya, en Inde, en Russie, en Allemagne, au Pérou, en Israël et Estonie. En 2002, il fut appelé «Pasteur Mondial» par les principaux journaux chrétiens en Corée pour son travail dans les diverses Grandes Croisades Unifiées outremer.

Depuis Février 2012, l'Eglise Centrale Manmin possède une congrégation de plus de 120.000 membres. Il y a 10.000 églises filiales au pays et dans le monde, et à ce jour, plus de 129 missionnaires ont été commissionnés vers 23 pays, y compris les USA, la Russie, l'Allemagne, le Canada, le Japon, la Chine, la France, l'Inde et de nombreux autres.

Jusqu'au jour de cette publication, le Dr Lee a écrit 64 livres y compris les bestsellers, *Goûter à la vie Eternelle avant la Mort, Ma Vie, Ma Foi I et II, Le Message de la Croix, La Mesure de Foi, Le Ciel I et II, Enfer* et *La Puissance de Dieu.* Ses œuvres ont été traduites dans plus de 73 langues.

Ses chroniques chrétiennes paraissent dans *le Hankook Ilbo, le Chosun Ilbo, le JoongAng Daily, le Dong-A Ilbo, le Munhwa Ilbo, le Seoul Shinmun, le Kyunghyang Shinmun, le Hankyoreh Shinmun, le Korea Economic Daily, le Korea Herald, le Shisa News, le Chistian Press, le Nation Evangelization Newspaper.*

Le Dr. Lee est présentement dirigeant de nombreuses organisations missionnaires et associations, y compris Président de l'Eglise Unifiée de Sanctification de Jésus-Christ; Président, Mission Mondiale Manmin; Fondateur et Président du Conseil du Réseau Mondial Chrétien (GCN); fondateur et président du conseil du Réseau Mondial de Médecins Chrétiens (WCDN) et fondateur et président du conseil du Séminaire International Manmin (MIS).

Le Ciel I et II

Une esquisse détaillée de l'environnement de vie merveilleux dont jouiront les citoyens célestes au milieu de la gloire de Dieu.

Le Message de la Croix

Un puissant message de réveil pour tous les peuples qui sont spirituellement endormis. Dans ce livre, vous trouverez le véritable amour de Dieu et pourquoi Jésus est notre seul Sauveur.

L'Enfer

Un message sérieux de Dieu à toute l'humanité, qui souhaite que même pas une seule âme ne tombe dans les profondeurs de l'enfer! Vous découvrirez le compte rendu jamais révélé auparavant de la cruelle réalité de l'Hadès et de l'enfer.

Ma Vie, Ma Foi I et II

L'autobiographie du Dr. Jaerock Lee produit les plus odorant arôme spirituel pour les lecteurs, au travers de sa vie extraite de l'amour de Dieu qui a fleuri au milieu de vagues ténébreuses, d'un joug glacial et d'un profond désespoir.

Goûter à la Vie Eternelle avant la Mort

Les mémoires témoignage du Révérend Dr. Jaerock Lee qui est né de nouveau et sauvé de la vallée de la mort et a vécu une vie chrétienne exemplaire.

La Mesure de Foi

Quel type de lieu de séjour céleste et quelles espèces de couronnes sont préparés dans le ciel? ce livre donne sagesse et direction pour mesurer votre foi et cultiver la foi la plus parfaite et mature.

La Puissance de Dieu

Un livre à lire absolument qui sert en tant que guide essentiel par lequel on peut posséder la foi véritable et expérimenter la merveilleuse puissance de Dieu.

Réveille-toi Israël

Pourquoi Dieu a-t-il gardé les yeux fixés sur Israël depuis le commencement du monde jusqu'à ce jour? Quel type de providence a été préparée pour Israël qui attend le Messie dans les derniers jours.